सफलता

क्यों, कैसे, कब?

सफलता

क्यों, कैसे, कब?

एस हुण्डिवाला

अरिहन्त पब्लिकेशन्स (इण्डिया) लिमिटेड

अरिहन्त पब्लिकेशन्स (इण्डिया) लिमिटेड
सर्वाधिकार सुरक्षित

ॐ **रजि. कार्यालय**

'रामछाया' 4577/15, अग्रवाल रोड,
दरिया गंज, नई दिल्ली– 110002
फोन: 011-47630600, 43518550;
फैक्स: 011-23280316

मुख्य कार्यालय

कालिन्दी, टी०पी० नगर, मेरठ (यूपी)– 250002
फोन: 0121-2401479, 2512970, 4004199
फोन: 0121-2401648

टाइप सेट : अरिहन्त डीटीपी यूनिट, मेरठ

PRINTED & BOUND BY
ARIHANT PUBLICATIONS (INDIA) LTD. (PRESS UNIT)

ॐ **शाखा कार्यालय**

आगरा, अहमदाबाद, बरेली, बंगलुरु, भुवनेश्वर, चेन्नई, दिल्ली, गुवाहाटी, हल्द्वानी, हैदराबाद, जयपुर, झाँसी, कोलकाता, कोटा, लखनऊ, नागपुर, मेरठ तथा पुणे

ॐ **ISBN**
978-93-5094-722-7

प्रोडक्शन टीम

पब्लिशिंग मैनेजर	अमित वर्मा	इनर डिजाइनर	प्रदीप कुमार
प्रोजेक्ट मैनेजर	करिश्मा यादव	पेज लेआउट	रविन्द्र कुमार
प्रोजेक्ट कॉर्डिनेटर	अलीना ज़ैदी	प्रूफ रीडर	सुशील कुमार, उमाशंकर यादव
कवर डिजाइनर	शानू मंसूरी		

'अरिहन्त' के प्रोडक्ट्स के बारे में अधिक जानकारी के लिए हमारी वेबसाइट www.arihantbooks.com पर लॉग इन करें या info@arihantbooks.com पर सम्पर्क करें।

दो शब्द...

प्रत्येक व्यक्ति चाहता है कि उसे सफलता मिले। प्रत्येक व्यक्ति सफलता प्राप्ति हेतु कुछ न कुछ प्रयास भी करता है, सोचता भी है एवं मन में सफलता को पाने की लालसा भी रखता है, लेकिन हर व्यक्ति तो सफल नहीं होता।

कुछ व्यक्ति जल्दी सफल हो जाते हैं, कुछ व्यक्ति लगातार प्रयास करने के बावजूद भी सफल नहीं हो पाते हैं। सफल होने वाले व्यक्ति, अन्य व्यक्तियों से किस तरह अलग गुणवत्ता रखते हैं, उनमें क्या विशेषता होती है, ऐसे बिन्दुओं पर इस पुस्तक में विमर्श का प्रयास किया गया है। इस पुस्तक में असफल होने के क्या कारण हैं? कुछ लोग शीघ्र सफल हो जाते हैं। जबकि कुछ लोग बहुत समय बाद सफल व्यक्तियों की श्रेणियों में सम्मिलित हो पाते हैं इस शानदार पुस्तक में इन बिन्दुओं पर भी व्यावहारिक चर्चा की गई है यद्यपि सफलता को परिभाषित किया जाना अपने आप में बहुत ही जटिल कार्य है, क्योंकि सफलता व्यक्तिश: है, इसका मापदण्ड किसी अन्य व्यक्ति या समूह के द्वारा तय किया जाना उचित नहीं है।

इस पुस्तक में सफलता के विभिन्न पहलुओं पर विचार कर कुछ ऐसे प्रेरणास्पद व्यक्तियों की सफलता की अनूठी कहानियों को संक्षिप्त में प्रस्तुत कर, पाठकों को जीवन में सफल होने हेतु प्रेरित करने का सकारात्मक प्रयास लेखक द्वारा किया गया है। मुझे विश्वास है कि आपको यह पुस्तक सही दिशा में आगे बढ़ने में अवश्य प्रोत्साहित करेगी। यदि यह पुस्तक आपको पसन्द आए तो कृपया एक पोस्टकार्ड अवश्य लिखें यह ही मेरा पारितोषिक होगा।

एस हुण्डिवाला

129-साउथ वेस्ट ब्लॉक
ईदगाह पास, अलवर-301001
टेलीफोन : 0144-2700438

विषय-सूची

सफलता हेतु कुछ अन्य आवश्यक तत्त्व
(विशेषतया व्यवसाय के सन्दर्भ में)

सफलता

प्रत्येक व्यक्ति की यही आकांक्षा होती है कि वह सफल बने, इसके लिए यह जानना आवश्यक है कि सफलता क्या है, इसे पाना क्यों आवश्यक है एवं इसे कैसे पाया जाए। इसे पाने के लिए स्वयं का अन्त: अवलोकन करते हुए लक्ष्य के प्रति पूर्णरूपेण समर्पित एवं योजनाबद्ध होकर, आत्मविश्वास के साथ परिस्थितियों के अनुरूप स्वयं को ढालते हुए अपनी मौलिकता के साथ प्रयासरत रहना चाहिए।

सफलता क्या है?

सफलता हर व्यक्ति की अभिलाषा है, लालसा है, इच्छा है। प्रत्येक व्यक्ति सफल माने जाने वाली शख्सियत के साथ क्रमबद्ध होना चाहता है। सफलता की परिभाषा अलग-अलग व्यक्ति के लिए अलग है। यह व्यक्ति की सोच, उसकी काबिलियत, उसके आत्मबल, उसकी संकल्पशक्ति के साथ, संस्कारों पर भी निर्भर है।

ऐसा बहुत बार देखने को मिलता है कि दूसरों को सफल दिखाई देने वाले व्यक्ति, अन्दर से बहुत खिन्न, परेशान एवं टूटे हुए होते हैं। आर्थिक सम्पन्नता को सफलता का मापदण्ड माना जाना, एक बड़ी गलती है, लेकिन मानसिक सन्तुष्टि को सफलता से अवश्य जोड़ा जा सकता है। प्रत्येक व्यक्ति जीवन में सफल होना चाहता है। हर व्यक्ति चाहता है उसे सम्मान मिले, उसके पास पर्याप्त धन हो, रहने के लिए मकान हो एवं अपने मित्रों में, समाज में उसको प्रतिष्ठा मिले। हर व्यक्ति की अभिलाषा होती है वह जो भी कार्य करे, उसमें उसे सफलता मिले। सफलता का आलिंगन हर व्यक्ति करना चाहता है।

लेकिन क्या हर व्यक्ति सफल होता है या हम कहें कि क्या हर व्यक्ति को सफलता मिलती है?

इस प्रश्न का उत्तर बड़ा सरल है, नहीं। हर व्यक्ति को सफलता नहीं मिलती। सफल होने वाले व्यक्ति, असफल होने वाले व्यक्तियों की तुलना में काफी कम होते हैं या यह भी कह सकते हैं कि असफल होने वाले व्यक्ति सफल होने वाले व्यक्तियों से संख्या में बहुत अधिक होते हैं। ऐसे व्यक्ति जिन्हें सफलता मिलती है क्या उनमें कुछ खास विशेषता, कुछ विशेष गुण होते हैं? इसका विश्लेषण करने से पूर्व हम इस बिन्दु पर गौर करना चाहेंगे कि वस्तुत: सफलता है क्या?

दूसरों की अपेक्षा यदि आपको सफलता
देर से मिले तो निराश नहीं होना चाहिए,
क्योंकि मकान बनने से ज्यादा समय
महल बनने में लगता है।''—*by Mother Teresa*

सफलता का अर्थ क्या है? किस उपलब्धि को सफलता कहना उचित होगा?

क्या धन कमाना सफलता है? क्या हर धनी व्यक्ति को हम सफल व्यक्ति की श्रेणी में रख सकते हैं? यदि इस बात पर विचार करें तो पता चलेगा कि धन तो बहुत ही क्षुद्र वस्तु है। हर तस्कर, वेश्या, डकैत, माफिया, भ्रष्ट व्यक्ति के पास धन का अम्बार है, लेकिन उन्हें सफल नहीं माना जा सकता। क्या कुछ विशेष पुरस्कार पाने वाले व्यक्ति को सफल कहा जा सकता है? इस पर गौर करें तो हमें लगेगा

कि ऐसे व्यक्ति को सफल माना जाना चाहिए लेकिन मात्र पुरस्कृत होने से कोई सफल माना जाए, यह सही नहीं है। यदि किसी व्यक्ति के पास अपने परिवार के भरण-पोषण के लिए पर्याप्त रोज़गार नहीं है और उसे कोई भी पुरस्कार मिल जाता है, तो यह एक बार की प्रशंसा, उसे सफल व्यक्तियों की श्रेणी में पंक्तिबद्ध नहीं कर सकती। अभी कुछ ही दिन पूर्व अख़बार में समाचार पढ़ने को मिला कि एक परिवार अपने पुत्र को मिले अर्जुन अवार्ड को आर्थिक कारणों से बेचने पर मजबूर हो गया।

क्या परीक्षा में अच्छे अंक लाना सफलता है?

एक छात्र के लिए किसी अभीष्ट परीक्षा में अच्छे अंक लाना सफलता माना जा सकता है, लेकिन यदि अच्छे अंक आने के बावजूद उसे किसी अभीष्ट कोर्स में दाखिला ना मिले या अन्य कोई ऐसा लाभ ना मिल सके तो वह सफलता नहीं हुई ना? यदि उसके अन्य साथियों के भी अच्छे अंक आए हैं तो प्रतिस्पर्द्धा में कोई-न-कोई तो निराश होगा ही।

मानो 10 सीट हैं, लेकिन 20 छात्रों के अच्छे अंक आए हैं तो जिनको दाखिला नहीं मिला, वे असफल माने जाएँगे। एक खिलाड़ी के लिए, किसी स्पर्द्धा में जीत हासिल कर लेना, एक टीम के लिए किसी खेल स्पर्द्धा में प्रथम स्थान प्राप्त कर लेना, सफलता कहा जा सकता है। इसका अर्थ हुआ कि सफलता के लिए, किसी अन्य से उत्कृष्ट प्रदर्शन की आवश्यकता है। दूसरे शब्दों में सफलता निरपेक्ष नहीं है, बल्कि वर्तमान सन्दर्भ में सफलता सापेक्ष है।

सफलता व्यक्तिशः है

एक व्यक्ति को सफलता, मात्र एक ऐसी नौकरी पाने में नज़र आती है जिसमें उसका एवं उसके परिवार का आराम से भरण-पोषण हो रहा है एवं साधु को सफलता भगवान के भजन करने में नज़र आती है। एक प्रेमी को सफलता अपनी प्रेमिका से शादी करने में नज़र आती है। किसी के लिए कोई तय लक्ष्य प्राप्त कर लेना सफलता है। एक छात्र को सफलता रोज़गार प्राप्त करने में नज़र आती है। एक डॉक्टर को सफलता अपने मरीज़ का रोग निदान करने में नज़र आती है। एक व्यवसायी को सफलता, अपने व्यवसाय के सुचारु रूप से चलने में नज़र आती है।

एक वैज्ञानिक के लिए सफलता एक नई खोज में है। इसी प्रकार, एक एथलीट के लिए सफलता अपनी स्पर्द्धा में प्रथम आने में है। इस तरह हर व्यक्ति के लिए सफलता के अलग-अलग मायने हैं, आयाम हैं, लेकिन बहुत-से ऐसे व्यक्ति भी हैं जिन्हें सब कुछ मिलने के बाद भी वे हमेशा असन्तुष्ट नज़र आते हैं, वे हमेशा स्वयं को अन्य की तुलना में कमतर समझते हैं। ऐसे लोगों की संख्या भी कम नहीं है। इस तरह सफलता व्यक्तिगत है। सफलता व्यक्ति के विचारों से निर्धारित होती है। यदि इस दृष्टिकोण से सफलता को समझने का प्रयास करें तो हम पाते हैं कि जिस कार्य को करने से आप सन्तुष्ट होते हैं, आपको आन्तरिक खुशी होती है, आपको सुकून मिलता है तो यह सफलता है। सफलता के लिए, मानसिक सन्तुष्टि सबसे अहम् आवश्यकता है।

ज़िंदगी एक अपार सम्भावनाओं की बहती नदी के समान है, यह आप पर निर्भर है कि आप बाल्टी लेकर खड़े हैं या चम्मच।

सफलता क्यों ?

मनुष्य एक विवेकशील जीवन्त प्राणी है जो अपने पुरुषार्थ के बल पर स्वयं को अन्य से श्रेष्ठ साबित करने की आन्तरिक इच्छा से बहुत से कार्य करता है। अपनी मूलभूत ज़रूरतों को पूरा करने के पश्चात् व्यक्ति की इच्छा कुछ ऐसा करने की होती है जिससे वह सापेक्ष रूप से श्रेष्ठतर महसूस करे। यह प्रतिस्पर्धा नहीं, बल्कि व्यक्ति की स्वाभाविक, नैसर्गिक इच्छा का परिणाम है।

आप और मैं ही नहीं, हर व्यक्ति सफल होना चाहता है। प्रत्येक व्यक्ति की ख्वाहिश होती है, दिल में तमन्ना होती है कि वह जो भी कार्य करे, उसमें वह सफल हो जाए। हर व्यक्ति सफलता की अभिलाषा रखता है, प्रत्येक व्यक्ति सफलता का वरण करना चाहता है। सफलता का अर्थ व्यक्तिगत है। एक मजदूर के लिए सफलता, अपने लिए एवं अपने परिवार के लिए दो जून की रोटी का प्रबन्ध करना है तो एक व्यवसायी के लिए सफलता, उसके द्वारा निर्धारित लक्ष्य की प्राप्ति है चाहे वह आय के सन्दर्भ में हो या बिक्री वृद्धि

के सन्दर्भ में या उत्पादन के सन्दर्भ में। एक डॉक्टर के लिए सफलता, उसके मरीज़ का सफल इलाज है तो एक वैज्ञानिक के लिए सफलता, उसके द्वारा किए जा रहे अनुसन्धान में सफलता है।

बहुत-से लोगों के लिए, धन ही सफलता का मापदण्ड है, जबकि बहुत-से व्यक्तियों के लिए किसी पुरस्कार की प्राप्ति सफलता का मापदण्ड है, लेकिन यदि एक करोड़पति व्यक्ति, लाइलाज रोग से ग्रसित हो जाए तो क्या उसे सफल कहा जा सकेगा? इसी प्रकार, किसी बड़े पुरस्कार से नवाज़े गए व्यक्ति को अपनी उदर पूर्ति के लिए भीख माँगने पर मजबूर होना पड़े तो क्या वह सफल है?

सफलता का शब्दों में वर्णन करना, परिभाषित करना एक असम्भव नहीं तो बहुत कठिन कार्य अवश्य है।

कभी आपने सोचा है कि आप क्यों सफल होना चाहते हैं?

आप सफलता की बुलन्दियों पर क्यों पहुँचना चाहते हैं?

क्यों आप सफलता के लिए लालायित रहते हैं?

इस क्यों का उत्तर बहुत-से लोग अपने-अपने ढंग से देते हैं।

कुछ व्यक्तियों का कहना है कि सफल होने पर उन्हें धन मिलता है, समृद्धि मिलती है, जो भी कुछ जीवन में चाहते हैं वह मिलता है। कुछ सोचते हैं कि सफल होने पर उन्हें आगे बढ़ने की प्रेरणा मिलती है, वे आगे बढ़ने हेतु उत्साहित होते हैं। कुछ सोचते हैं कि सफलता जीवन में

अति आवश्यक है। यदि सफलता नहीं मिलेगी तो जीवन निराशापूर्ण एवं अन्धकारमय हो जाएगा। बिना सफलता के जीवन कुछ भी नहीं है।

कुछ का सोचना है कि सफलता मिलने से उन्हें खुशी मिलती है। सफलता मिलने पर होने वाली खुशी के अनुभव को शब्दों में व्यक्त करना सम्भव नहीं है, लेकिन यह ऐसा आन्तरिक अनुभव है जो किसी विजेता को जीत पर महसूस होता है। कुछ का कहना है कि सफलता की आवश्यकता इसलिए है कि लोगों के मध्य आपका महत्त्व बढ़ता है। वे आपको सम्मान की दृष्टि से देखते हैं। आपको ऐसे महत्त्वपूर्ण व्यक्तियों में शुमार किया जाता है जो किसी-न-किसी क्षेत्र में आदर्श होते हैं। कई व्यक्ति इस प्रश्न को ही नकारते हैं। उनका कहना है कि सफलता तो जीवन का एक भाग है। जब कोई व्यक्ति किसी कार्य को करता है तो वह उस कार्य में सफल होना चाहता है। उनके अनुसार सफलता एक नैसर्गिक आवश्यकता है।

सफलता क्यों?

इस प्रश्न की गहराई में जाकर विचार करें तो प्रतीत होता है कि सफलता, व्यक्ति की सापेक्षतया उत्कृष्ट बनने की चाहत का परिणाम है। मनुष्य एक सामाजिक प्राणी है। वह बहुत-से कार्य तो अपनी दैनिक आवश्यकताओं की पूर्ति हेतु करता है अर्थात् अपनी प्राकृतिक ज़रूरतों को पूरा करने हेतु कुछ कार्य करता है। उसके बाद वह जीवित रहने हेतु खाने, पीने, रहने का प्रबन्धन करने हेतु कुछ कार्य करता है। उसके बाद भी एक व्यक्ति बहुत सारे कार्य करता है, मेहनत करता है, बेइमानी, ईमानदारी से पैसा कमाता है। ये सब कार्य क्यों करता है?

इस क्यों का जवाब ही, सफलता क्यों?
(अर्थात् व्यक्ति सफलता क्यों पाना चाहता है?)
का जवाब है

व्यक्ति एक सामाजिक प्राणी होने के साथ-साथ, एक बुद्धिजीवी भी है। वह समाज में अपने साथियों के मध्य, अपना महत्त्व स्थापित करना चाहता है। यह हर प्राणी की इच्छा होती है कि वह अपने मित्रों, रिश्तेदारों, आत्मजनों, आस-पड़ोस, परिचितों के मध्य अलग से पहचाना जाए। वह इनके मध्य स्वयं को उत्कृष्ट बनाना चाहता है। (यह नैसर्गिक इच्छा हर प्राणी में, पशु-पक्षियों में भी होती है। उनके मध्य होने वाली लड़ाई, उनकी किसी-न-किसी रूप में उत्कृष्टता, वर्चस्व स्थापना की लड़ाई होती है।)

इस उत्कृष्टता की लालसा, उसे कुछ विशिष्ट कार्य करने को प्रेरित करती है। सफलता-सापेक्ष है अर्थात् औरों से अधिक अच्छा प्रदर्शन ही तो सफलता है। सफलता, अपने ही लोगों के मध्य आदर पाने की इच्छा, अपने परिचितों के मध्य, अधिक महत्त्वपूर्ण साबित करने की कामना का परिणाम है। इस प्रकार की नैसर्गिक इच्छाओं की पूर्ति हेतु, व्यक्ति मेहनत करता है। विपरीत परिस्थितियों में भी दृढ़ता के साथ बढ़ता है। अपने लक्ष्य की प्राप्ति हेतु अपनी योग्यता, क्षमता अनुसार वह सफल होना चाहता है। अपने स्तर के व्यक्तियों के मध्य अन्य से स्वयं को किसी क्षेत्र में श्रेष्ठतर साबित करना ही तो सफलता है। व्यक्ति सफल कब है जब उसकी तुलना में अन्य, उसी स्तर (Level) के व्यक्ति उससे कमतर हैं। सफलता—एक की श्रेष्ठता एवं अन्य की कमतरता की द्योतक है। यदि सभी समान हैं तो किसी को भी सफल नहीं कहा जा सकता।

यदि किसी अभीष्ट परीक्षा में सभी अभ्यर्थियों के 95% अंक आएँ तो उनमें से परीक्षा तो सभी ने पास की, लेकिन श्रेष्ठ कौन? सफल कौन? लेकिन यदि सभी के 53% अंक आएँ एवं दो अभ्यर्थियों के 56% अंक आएँ तो सफलतम वे अभ्यर्थी हैं, जिनके 56% अंक आए हैं। सफलता के लिए एक और महत्त्वपूर्ण बिन्दु है, वह है स्तर। सफलता के लिए तुलना-समान लोगों में ही प्रथमतया होती है। जैसे ऐसे व्यक्ति जिनकी शैक्षिक योग्यता समान है, या जिनकी आय समान है, या जो किसी भी प्रकार से निर्धारित एक श्रेणी में वर्गीकृत हैं। इनमें से श्रेष्ठता प्राप्त करने के बाद, वह अपने से ऊपर के स्तर के व्यक्तियों से स्वयं को श्रेष्ठ प्रदर्शित करने में लग जाता है। इसलिए कहा जाता है कि सफलता एक स्थिर स्थिति नहीं है, यह एक लगातार चलने वाली प्रक्रिया है। यदि सफल होने की इच्छा लिए व्यक्ति, एक स्तर प्राप्त करने के बाद, प्रयास छोड़ देता है तो कुछ समय बाद उससे आगे कितने ही लोग निकल जाएँगे। इसीलिए कहते हैं कि सफलता लगातार चलने वाली प्रक्रिया है। सफलता के लिए लगातार प्रयास एवं जागरूक रहना आवश्यक है।

''केवल मन के चाहे से न मनचाही पूरी होती है,
बिना परिश्रम किए न जीत हासिल होती है,
पर्वत पर फतेह करने को पर्वत पर चढ़ना पड़ता
है, सागर से मोती लाने को पानी में उतरना पड़ता
है, लक्ष्य पूर्ति करने को पूरे मन से प्रयास करो,
आराम को त्यागो तुम कड़ी मेहनत पर विश्वास
करो, ईमानदारी, लगन कभी बेकार नहीं होती,
कोशिश करने वालों की कभी हार नहीं होती।''

सफलता कैसे ?

सफलता प्रत्येक व्यक्ति की आकांक्षा है। हर व्यक्ति जीवन में सफल होने की अभिलाषा लिए प्रयास करता है। हर व्यक्ति चाहता है कि उसकी गिनती सफलतम व्यक्तियों में हो, उसके लिए वह प्रयत्न करता है। प्रत्येक व्यक्ति अपनी योग्यता, क्षमतानुसार, अपनी समझ के अनुसार मेहनत करता है। सफलता कैसे मिलेगी, कब मिलेगी, यह हर व्यक्ति जानने का इच्छुक है।

सफलता अर्जित की जा सकती है, इसकी कोई गणितीय विधि या ज्योतिषीय मंत्र नहीं है। सफलता वस्तुत: बहुत सारे गुणों का व्यक्ति की योग्यता, क्षमता को तयशुदा दिशा में लगाने का समग्र प्रतिफल है। सफलता प्राप्ति का मार्ग दुर्गम है, संघर्षमय है। इस मार्ग पर चलने वाले राही को न केवल अपने लक्ष्य प्राप्ति हेतु संकल्पित होकर अग्रसर होने की आवश्यकता है, बल्कि असफलता हेतु भी सहर्ष तैयार रहने की ज़रूरत है। असफलता की राह ही सफलता की बुलन्दियों पर परचम लहराने की बुनियाद बनती है।

सफलता कैसे मिलेगी?

अभी हम इस प्रश्न का समाधान ढूँढने का प्रयास करते हैं। वस्तुत: सफलता किसी एक गुण, एक लक्षण का परिणाम नहीं है। एक जैसी शैक्षिक योग्यता वाले कई छात्र एक अभीष्ट परीक्षा में बैठते हैं, सभी तो सफल नहीं होते हैं?

एक-जैसा व्यवसाय शुरू करने वाले दो व्यक्तियों में से एक व्यक्ति सफल हो जाता है, दूसरा अपना धन नष्ट करके बर्बाद हो जाता है। आपने देखा होगा, दो प्राइवेट डॉक्टरों में से एक की प्रैक्टिस बहुत अच्छी चलती है, दूसरा खाली बैठा रहता है। आपके शहर, कस्बे में, एक मिठाई की दुकान पर भीड़ लगी रहती है, अन्य खाली पड़ी रहती हैं। कई पान की दुकान, चाय की दुकान, चाट की दुकान इतनी प्रसिद्ध हो जाती हैं कि वहाँ कूपन लेकर सामान लेना पड़ता है, ऐसा क्यों होता है?
सफलता बहुत-से अच्छे गुणों, लक्षणों का समग्र परिणाम है। सफलता एक व्यक्तिगत चीज़ भी है। आप किस उद्देश्य की प्राप्ति को सफलता मानते हैं यह आपकी पसन्द-नापसन्द, आपकी सोच, आपकी प्रकृति, आपके संस्कार पर निर्भर है। कोई बहुत अधिक पैसा कमाने को ही सफलता मानता है। कोई जीवन में मानसिक शान्ति एवं इज़्ज़त से जीवन-यापन को ही सफलता मानता है। कोई किसी खास पुरस्कार को प्राप्त करने को सफलता मानता है, कोई अपने एवं अपने परिवार के लिए अच्छी महँगी भौतिक सुविधाएँ जुटाने को ही सफलता मानता है, तो कोई राजनीति में सफलता मिलने को ही सफलता मानता है। वस्तुत: यह व्यक्तिगत सन्तुष्टि का एक बिन्दु है।

इसको संक्षिप्त में यह कहा जा सकता है कि जिस कार्य के पूर्ण होने से किसी को सन्तुष्टि मिलती है, उसे वह सफलता समझ सकता है। प्रत्येक व्यक्ति की सोच अलग होती है। उसकी योग्यता, क्षमता, कार्य-शैली इत्यादि अन्य से भिन्न होती है।

उसकी पसन्द-नापसन्द, अन्य से हटकर होती है, तो यह जानने के लिए कि सफलता कैसे मिलेगी, सर्वप्रथम स्वयं को जानने की, स्वयं के चारित्रिक गुणों का स्व-परीक्षण करने की आवश्यकता है। आपकी अपनी सोच क्या है? किस लक्ष्य को प्राप्त करने से आपको सन्तुष्टि मिलती है। जो लक्ष्य आप पाना चाहते हैं क्या आप उसके अनुरूप प्रयास करने का आत्मविश्वास रखते हैं? क्या आपमें अपने लक्ष्य को प्राप्त करने की योग्यता, क्षमता है। सोचता तो प्रत्येक व्यक्ति है कि वह सफल हो जाए, लेकिन जब राह में विभिन्न प्रकार की परेशानियों, विपदाओं, आकस्मिकताओं का सामना करना पड़ता है, तो विरले ही राह पर चलते हैं, अधिकांश लोग अपना रास्ता बदल लेते हैं। सफलता कैसे मिलेगी? इस प्रश्न का उत्तर जानने के लिए, निम्न महत्त्वपूर्ण बिन्दुओं पर गौर करना होगा

❶ आपकी सोच, आपके विचार........

जीवन में आप क्या बनना चाहते हैं, आप किन बुलन्दियों को छूना चाहते हैं, कौन-से शानदार कार्य को आप अंजाम देना चाहते हैं, यह आपकी सोच (Your Thoughts) एवं आपके विचारों का परिणाम है। सफलता, व्यक्ति की सोच की परिणति है। एक व्यक्ति का चरित्र, उसकी सोच एवं विचारों का समग्र प्रतिबिम्ब होता है।

सकारात्मक सोच आपका न केवल स्वयं पर विश्वास पैदा करती है बल्कि सकारात्मक सोच से आपको हर विपरीत परिस्थितियों में भी आशा की किरणें दिखाई देती हैं। चारों तरफ विश्वास एवं अच्छा माहौल दृष्टिगोचर होता है। जबकि नकारात्मक सोच वाला व्यक्ति, नैराश्य से भरपूर रहता है, आत्मविश्वास की कमी एवं चारों तरफ उसे निराशाजनक स्थिति ही दृष्टिगोचर होती है। दृढ़ विचारों का व्यक्ति, अपने कार्य के प्रति ईमानदार एवं अपने वचनों का धनी होता है। वह एक बार जो कार्य करने की सोच लेता है। उसमें जी जान से जुट जाता है। ऐसे लोग अपने कार्य के प्रति पूरी तरह समर्पित होते हैं एवं मेहनती होते हैं। सफलता स्वयं ऐसे व्यक्तियों के पास चलकर आती है।

अस्थिर विचारों वाले व्यक्ति, कुछ दुल-मुल प्रवृत्ति के होते हैं। उनके विचारों में, उनकी सोच में दृढ़ता का अभाव एवं साहस की कमी, निर्णय में देरी या अधिकतर अपनी अस्थिर प्रवृत्ति के कारण अनिर्णय की स्थिति में रहते हैं।

पवित्र सोच एवं पुनीत विचारों के व्यक्ति ईश्वर में आस्था रखते हैं एवं हर कार्य को इस तरह से करना चाहते हैं कि दूसरों का नुकसान न हो। वे अपना कार्य पूरी ईमानदारी एवं निष्ठा से करते हैं। यद्यपि व्यावसायिक दृष्टि से ऐसे लोग चतुर, चालाक नहीं होने के कारण, बहुत व्यावहारिक नहीं कहे जाते हैं, लेकिन ऐसे व्यक्ति सफल होते देखे जाते हैं।

कहते हैं कि धूर्तता से एक बार आप सफलता प्राप्त कर सकते हैं, लेकिन स्थायी सफलता हेतु जीवन में ईमानदारी एवं पवित्र विचारों का बहुत अहम् रोल होता है। जीवन में

सफलता के लिए सकारात्मक सोच, दृढ़ता, स्वयं पर विश्वास एवं ईमानदारी का बहुत महत्त्व है एवं यह सब व्यक्ति के अच्छे सोच-विचारों की परिणति ही है।

> ''जीत और हार आपकी सोच पर
> निर्भर करती है मान लो तो
> हार होगी ठान लो तो जीत होगी''

② स्वयं को पहचानें

सर्वप्रथम आवश्यकता है कि आप स्वयं को पहचानें। आप क्या चाहते हैं? आपकी इच्छा क्या है? ऐसा कौन-सा कार्य है, जिसके करने से आपको प्रसन्नता मिलती है? जो आपकी वास्तविक पसन्द है, जो आपकी रुचि का है। आपकी सोच क्या है? आपका ध्येय क्या है? आपका जीवन को समझने का दृष्टिकोण क्या है?

जैसा हमने पहले बताया है, कई व्यक्ति बहुत सारा पैसा कमाना चाहते हैं, तो कई शान्ति से, इज़्ज़तदार व्यक्ति की तरह जीवन-यापन करना चाहते हैं। हर व्यक्ति की सोच, पसन्द-नापसन्द, जीवन का नज़रिया, संस्कार अलग हैं। यह एक महत्त्वपूर्ण बिन्दु है। जब तक आप स्वयं को नहीं पहचानेंगे, आपको कौन-सा व्यवसाय चुनना चाहिए? इसका निर्णय नहीं कर पाएँगे? आप अपने गुणों, अवगुणों, अपनी सामर्थ्य, अपनी कमज़ोरी का ईमानदारी से आकलन करें।

कई व्यक्ति बिना इस बिन्दु पर विचार करे, अन्य की देखा-देखी कोई भी कार्य शुरू कर देते हैं, फिर असफल होकर नैराश्य में डूब जाते हैं।

हम ऐसे नौजवानों को भी जानते हैं जो गणित में बहुत कमज़ोर होने के बावजूद इन्जीनियरिंग में प्रवेश ले लेते हैं। ऐसे भी नौजवान हैं जिनकी अंग्रेज़ी बहुत कमज़ोर होने के बावजूद वे कैट की या बैंक प्रोबेशनरी ऑफिसर्स की परीक्षा हेतु दूसरों की देखा-देखी नकल करते हुए आवेदन भेज देते हैं।

इसी प्रकार, यदि आप आर्थिक रूप से समृद्ध नहीं हैं और आप ऐसा व्यवसाय चुनते हैं, जिसमें बहुत पैसा चाहिए तो सफलता कैसे मिलेगी?

कई व्यक्तियों का व्यवसाय का झमेला बिल्कुल पसन्द नहीं आता, वे नौकरी करना ही पसन्द करते हैं। कई व्यक्ति प्रशासनिक नौकरी पसन्द करते हैं तो कई एमबीए करके प्रबन्धन की नौकरी के इच्छुक होते हैं। कई अध्यापक, लेक्चरर या बैंक की नौकरी को बहुत पसन्द करते हैं। अत: सर्वप्रथम आवश्यकता इस बात की है कि आप अपनी पसन्द-नापसन्द को समझें, जानें।

अपने गुण, अपनी सामर्थ्य, अपनी कमज़ोरियों का पूरी ईमानदारी से, शान्त चित्त होकर मनन करें। इस सम्बन्ध में अपने बुजुर्गों से भी राय ले सकते हैं। अपने अच्छे शुभचिन्तक मित्रों से भी राय-मशविरा किया जा सकता है। लेकिन ध्यान रहे, आप का स्वयं का आकलन, आप से अच्छा कोई नहीं कर सकता है।

स्वयं को पहचानने के बाद, आपको क्या करना है, इसका सही, उचित निर्णय लेना सम्भव होगा। कई व्यक्ति अपने साथियों की समृद्धि को देखकर ठेकेदारी का कार्य शुरू कर देते हैं, कुछ ट्रेडिंग का कार्य शुरू कर देते हैं, लेकिन यदि कार्य अपनी पसन्द का नहीं हो तो वे प्रायः असफल हो जाते हैं।

जीवन में सफलता, अपनी पसन्द के व्यवसाय, प्रोफेशन में ही सम्भव है, इस बात को बहुत अच्छी तरह समझ लेना चाहिए।

''दुनिया में सबसे ताकतवर चीज़, व्यक्ति के विचार हैं। सकारात्मक विचार से नई सोच-नई समझ बनती है एवं नकारात्मक विचारों से मन में विकार पैदा होते हैं।'' —विक्टर ह्यूगो

③ स्वयं को तैयार करें

स्वयं की रुचि, अभिरुचि, पसन्द-नापसन्द का सही आकलन करने के बाद, ज़रूरत है कि आप स्वयं को उस व्यवसाय/जॉब/नौकरी हेतु तैयार करें। मात्र यह पता लगाने से कि आपको पसन्द यह या वह है, सफलता नहीं मिल सकेगी। सफलता वैसे भी एक दिन, एक माह या कोई समयबद्ध कार्यक्रम नहीं है। सबसे बड़ी आवश्यकता है कि व्यक्ति इसके लिए, स्वयं को तैयार करे।

अपनी कमज़ोरियों का निदान करे। अपने आत्मविश्वास को बनाए। जो कार्य आपने चुना है, जिस उद्देश्य को आप

पाना चाहते हो, उसके लिए स्वयं को मानसिक रूप से तैयार करें। जो कार्य आपने चुना है, उसके लिए क्या-क्या आवश्यकता है, क्या-क्या पूर्व तैयारी आवश्यक है, इसका पता लगाएँ। मानो आप प्रशासनिक सेवा में जाना चाहते हैं, तो आपको कौन-सा विषय लेना चाहिए, उसमें आपकी दक्षता कितनी है, कितने पेपर्स होते हैं, कब परीक्षा होती है? इन सब पर विचार करें। आपकी किसी विषय में खास कमज़ोरी है, तो उसे कैसे दूर कर पाओगे इस पर अच्छी तरह सोचें। ध्यान रखें, वर्तमान प्रतिस्पर्द्धा के युग में किसी भी पद हेतु चयन के लिए एक कठिन परीक्षा के दौर से गुज़रना पड़ता है। बहुत कड़ी मेहनत, लगन एवं लगातार प्रयास की आवश्यकता होती है।

इसी प्रकार आप कोई भी व्यवसाय करना चाहते हैं, तो आप व्यवसाय की पूरी जानकारी करें। अन्य कौन-कौन एवं कितने लोग उस व्यवसाय में संलग्न हैं, कितना लाभ होने की आशा करते हैं, नुकसान हुआ तो कितना हो सकता है, कितने धन की आवश्यकता होगी उसका प्रबन्ध कैसे होगा? मार्केटिंग की क्या व्यवस्था होगी? इस तरह की सभी बातों की जानकारी करें, स्वयं को तैयार करें। हर कार्य में समस्या आती है, लेकिन समाधान भी मिलता है। सोचें कि क्या समस्या आ सकती है, उसके समाधान हेतु पूर्वानुमान लगाने का प्रयास करें।

यह तैयारी आपको सफलता की ओर अग्रसर करती है। मात्र इच्छा करने से सफलता नहीं मिलती है। सफलता के लिए बहुत त्याग, तपस्या एवं पूर्ण मेहनत के साथ-साथ स्वयं को उत्कृष्टता के साँचे में ढालने की आवश्यकता है। सफल होने वाले हमारे आपके जैसे ही इन्सान होते हैं, लेकिन सफल

वही होते हैं जो पूर्ण लगन, निष्ठा एवं समर्पण के साथ स्वयं को पूरे दम-खम से अपने लक्ष्य की प्राप्ति हेतु समर्पित कर देते हैं, इसलिए आवश्यक है कि आप स्वयं को इस तपस्या हेतु तैयार करें।

''सफलता पहले से की गई तैयारी पर बहुत अधिक निर्भर होती है। बिना तैयारी किए, किया गया प्रयास अधिकांशतया असफल ही होता है। तजुर्बा इन्सान को गलत फैसलों से बचाता है, मगर तजुर्बा इन्सान को गलत फैसलों से ही आता है।''

④ लक्ष्य तय करें

अपना लक्ष्य तय करें। लक्ष्य आपकी रुचि, आपकी योग्यता, क्षमता के अनुरूप होना चाहिए। उस लक्ष्य को प्राप्त करने हेतु प्रयास करें। ध्यान रखें, बिना लक्ष्य के जीवन उस बिना नाविक की नाव की तरह है जो मात्र हवा के झौंकों

से कभी इस दिशा, कभी उस दिशा में चलती रहती है। लक्ष्य प्राप्त करना ही तो एक प्रकार से सफलता प्राप्त करना है। या यह कहें कि सफलता प्राप्त करने के लिए आपको एक लक्ष्य तय करना होगा। लक्ष्य क्या हो, यह आपकी योग्यता, क्षमता, आपकी इच्छाशक्ति पर निर्भर करता है।

बड़े लक्ष्य को प्राप्त करने के लिए छोटे-छोटे कई लक्ष्य निर्धारित किए जा सकते हैं। एक छोटे लक्ष्य की प्राप्ति सफलता प्राप्ति की दिशा में एक सकारात्मक कदम ही तो है। हर सफलता चाहे वह छोटी हो या बड़ी हो आपमें आत्मविश्वास एवं ऊर्जा का संचार करती है। लक्ष्य तय करने का सबसे बड़ा लाभ यह है कि आप अपनी ऊर्जा का एक निर्धारित दिशा में उपयोग कर सकते हैं। आपको पता होता है कि आपका उद्देश्य क्या है। आप निरुद्देश्य अपना समय एवं ऊर्जा व्यर्थ नहीं करते हैं।

> ''जीवन की त्रासदी यह नहीं कि
> आप अपने लक्ष्य तक नहीं पहुँच पाए,
> त्रासदी तो यह है कि आपके पास कोई
> लक्ष्य था ही नहीं।''
> —बेन्जामिन मेस

एक सामान्य व्यावहारिक उदाहरण देखें

एक छात्र ने अपना लक्ष्य प्रशासनिक नौकरी पाने का बनाया है लेकिन वह पार्ट टाइम जॉब भी करता है, ट्यूशन भी पढ़ाता है। इस तरह उसका समय तीन कार्यों में विभाजित हो जाता है। ऐसी स्थिति में उसे जितना समय प्रशासनिक सेवा की तैयारी में देना आवश्यक है, नहीं दे पाता। समय अभाव के कारण वह कोई अच्छी कोचिंग भी नहीं ले पाता है। परिणाम असफलता के अतिरिक्त क्या हो सकता है। ऐसा बहुत-से छात्रों के साथ होता है। अपना फोकस जब लक्ष्य पर केन्द्रित नहीं रख पाते हैं तो सफलता संदिग्ध है। जो व्यक्ति अपना कोई लक्ष्य निर्धारित नहीं करते हैं उनकी ऊर्जा, कई कार्यों में उपयोग आती है और वे व्यक्ति किसी भी कार्य में सफल नहीं हो पाते हैं।

''वे लोग जिनके लक्ष्य स्पष्ट होते हैं
वे कम समय में, दूसरे लोग जितना
सोच भी नहीं सकते, उससे कहीं
अधिक सफलता प्राप्त करते हैं।'' –ब्रायन ट्रेसी

⑤ समय-सीमा तय करें

इस बिन्दु का अभिप्राय है कि आपने जो भी लक्ष्य तय किया है, उसे प्राप्त करने की समय-सीमा तय करें। मात्र लक्ष्य तय कर लेने का कोई अर्थ नहीं। जब तक आप यह तय नहीं करते हैं कि उस लक्ष्य की पूर्ति कब तक की जानी है, तब तक आप उस लक्ष्य को प्राप्त करने हेतु गम्भीर नहीं हैं।

मैं एक छात्र को जानता हूँ जो हमेशा कहता है कि उसके जीवन का लक्ष्य कैट की परीक्षा पास करके किसी IIM से एमबीए करने का है। पिछले 7 वर्षों से वह यही कहता है। बीटेक करने के बाद उसे आईटी कम्पनी में जॉब मिले हुए भी पाँच वर्ष हो गए, लेकिन अभी तक उसके जीवन का लक्ष्य मात्र एक लक्ष्य ही है।

ऐसे बहुत-से लोग हैं जो जीवन में करोड़पति बनने का लक्ष्य रखते हैं। ऐसे भी लोग हैं जो आईएएस बनने का लक्ष्य रखते हैं, लेकिन बिना समय-सीमा तय किए, वह लक्ष्य ही रहता है। सफलता के लिए आवश्यक है कि तय किए गए लक्ष्य को प्राप्त करने की समय-सीमा तय की

जाए। समय-सीमा तय करने के बाद आप अपनी पूरी योग्यता, क्षमता का उपयोग उस समय-सीमा में उस लक्ष्य को अर्जित करने में लगाने हेतु प्रोत्साहित होते हैं। यह आपका स्वयं का तय किया गया समय होता है। इसकी पूर्ति हेतु आप अपनी समस्त ऊर्जा को फोकस करते हैं। यह व्यक्ति का स्वयं का, स्वयं को दिया हुआ एक चैलेंज की तरह होता है।

आप एक बार तय कर लीजिए कि चाहे कुछ भी हो जाए मुझे अगले वर्ष की किसी अभीष्ट परीक्षा में सफल होना है तो आप उसके लिए स्वयं को तैयार करेंगे। आप अपने समय को व्यर्थ नहीं करेंगे। आप अपनी समस्त ऊर्जा को, इस ओर लगा देंगे। वस्तुत: व्यक्ति पूरी लगन एवं निष्ठा से अपने द्वारा निर्धारित लक्ष्य की पूर्ति का प्रयास तब ही शुरू करता है जब उसने एक समय सीमा को तय किया हो। जीवन में सफलता के लिए लक्ष्य प्राप्ति हेतु समय सीमा तय करना बहुत महत्त्वपूर्ण है।

''तन्हा बैठकर ना देख हाथों की
लकीर अपनी
उठ बाँध कमर और
लिख दे खुद तकदीर अपनी''

⑥ लक्ष्य निर्धारण–आपकी क्षमता/योग्यता के अनुरूप

लक्ष्य आपकी योग्यता, क्षमता के अनुरूप हो। इसका अर्थ यह नहीं कि व्यक्ति अपनी योग्यता, क्षमता में वृद्धि नहीं कर सकता। अपनी दृढ़ इच्छाशक्ति के बल पर व्यक्ति हर असम्भव दिखाई देने वाला कार्य भी सम्भव कर सकता है, लेकिन व्यावहारिकता का तकाज़ा है कि आप जो भी लक्ष्य निर्धारित करते हैं वह आपकी वर्तमान योग्यता, क्षमता से बहुत बड़ा होगा तो आपको उस लक्ष्य से पहले, स्वयं को उत्कृष्ट बनाने का, लक्ष्य के अनुरूप स्वयं को बनाने का प्रथम सोपान पूरा करना होगा।

अधिकांश सफलता के सम्बन्ध में लिखी हुई किताबों में यह बिन्दु गौण कर दिया जाता है और यह तर्क दिया जाता है कि व्यक्ति की क्षमता, योग्यता अपरिमित है। व्यक्ति चाहे तो क्या नहीं कर सकता? व्यक्ति में दृढ़ विश्वास हो, दृढ़ निश्चय कर ले तो असम्भव प्राय कार्य को भी सम्भव कर सकता है।

एक सामान्य तैराक इंग्लिश चैनल पार करने का लक्ष्य तय करता है तो उसे उससे पूर्व कई छोटे-छोटे लक्ष्य पूरे करने होंगे। इतनी शक्ति स्वयं में पैदा करने के लिए, स्वयं को कड़ी मेहनत करके, शरीर को इतना योग्य बनाना होगा कि वह इंग्लिश चैनल को पार करने योग्य बन सके। कोई भी व्यक्ति बिना पहली दूसरी सीढ़ियाँ चढ़े, ऊपर की सीढ़ी तक नहीं पहुँच सकता।

सफलता लगातार प्रयास का परिणाम है। लक्ष्य तय करते समय, अपने मानसिक स्तर, शारीरिक स्तर एवं आर्थिक स्तर का ईमानदारी से आकलन अवश्य करें। यदि लक्ष्य निर्धारण में आर्थिक समस्या है तो इसका पूर्व निदान करना आवश्यक है, क्योंकि वित्त की समस्या का उचित एवं समय पर निदान नहीं होने पर व्यक्ति की साख बिगड़ जाती है, जिसे वापस बनाने में बहुत कठिनाई होती है।

मानसिक एवं शारीरिक स्तर का अर्थ आपकी मानसिक एवं शारीरिक क्षमताओं को ध्यान में रखते हुए, लक्ष्य को तय करने से है। कमज़ोर शरीर का व्यक्ति पहलवान बनने का लक्ष्य तय करे, इसी प्रकार एक औसत अंक प्राप्त करने वाला छात्र कैट में 100 परसेन्टाइल लाने का लक्ष्य तय करे तो यह अव्यावहारिक लक्ष्य होगा। ऐसी गलती न करें।

आप में दृढ़ निश्चय करने की क्षमता है, आप में कुव्वत है कि एक बार ठान लिया तो उस काम को हर हालत में पूरा करके ही दम लेंगे, लेकिन हर व्यक्ति की कुछ सीमाएँ भी हैं। व्यक्ति 100 करोड़ का प्रोजेक्ट लगाना चाहता है, उसके पास अभी मात्र 50 लाख रुपये हैं तो शेष राशि का प्रबन्ध करना हर व्यक्ति के बस की बात नहीं है।

इसी प्रकार आप किसी खेल में स्वर्ण पदक जीतना चाहते हो, लेकिन आपके पास अन्य देश के खिलाड़ियों जैसी सुविधाएँ नहीं हैं, कोच नहीं हैं, उपकरण नहीं हैं, तो आपको उस स्तर तक पहुँचने में बहुत अधिक प्रयास करने होंगे। उसमें भी बहुत-सी परेशानियाँ/समस्याएँ आती हैं।

कहने का मतलब है अपने लक्ष्य का निर्धारण अपनी क्षमता, योग्यता तथा साधनों की उपलब्धता का ईमानदारी से आकलन करने के बाद, उनके अनुरूप करने पर सफलता की सम्भावना बढ़ जाती है।

''अच्छे इन्सान सिर्फ और सिर्फ अपने कर्म से पहचाने जाते हैं, क्योंकि.....
अच्छी बातें तो बुरे लोग भी कर लेते हैं।''

⑦ लक्ष्य के प्रति पूर्ण समर्पण

लक्ष्य तय कर लेना, योजना बना लेना, सब कुछ एक सैद्धान्तिक प्रक्रिया है। मुख्य बिन्दु है क्रियान्वयन (Implementation) का। इसी से पता चलता है कि आपमें कितनी इच्छाशक्ति है, कितनी लगन, निष्ठा है, कितना दम है। आप और हम जानते हैं, अपने आस-पास देखते हैं कि हर व्यक्ति सफल होना चाहता है, हर व्यक्ति कुछ व्यवसाय करता है।

परीक्षा में हज़ारों अभ्यर्थी बैठते हैं, लेकिन सफलता कुछ ही लोगों को मिलती है। कुछ ही अभ्यर्थी सफल हो पाते हैं। ऐसा क्यों? सफल होने वाले व्यक्ति असफल होने वाले व्यक्तियों से संख्या में बहुत कम होते हैं? सब ही तो कुछ-न-कुछ लक्ष्य रखते हैं, सब ही कुछ-न-कुछ प्लानिंग करते हैं, सब ही सफलता के दिवाने होते हैं?

वास्तविकता यह है कि असफल होने वाले लोगों का लक्ष्य के प्रति पूर्ण समर्पण नहीं होता। आधे-अधूरे मन से कार्य को अंजाम देते हैं। सफलता के लिए जिस दृढ़ता की, इच्छाशक्ति की, अनुशासन की, कार्य को हर हालत में पूरा करने के जज्बे की आवश्यकता होती है, उसका असफल होने वाले लोगों में नितान्त अभाव होता है।

आपने किसी टॉपर छात्र का साक्षात्कार पढ़ा है। वे नियमित रूप से पढ़ाई करते हैं। उनका ध्येय मात्र कोर्स पूरा करना नहीं, बल्कि कई बार रिवीज़न करके उत्कृष्टता की वह श्रेणी हासिल करना होता है, जो उन्हें टॉपर में स्थान दिलाती है।

सफलता की बुलन्दियाँ छूने वाला हर शख्स, सफलता के लिए अपने लक्ष्य के प्रति पूर्ण समर्पित होता है। उसका हर कदम, अपने लक्ष्य की प्राप्ति के लिए होता है। उसकी सोच में हर हालत में लक्ष्य को हासिल करने का जज्बा होता है। जब तक आपका पूरा फोकस/समर्पण अपने लक्ष्य के प्रति नहीं होगा, तब तक आपकी पूरी योग्यता, क्षमता एवं ऊर्जा उस दिशा में कार्य नहीं कर सकती, ऐसी स्थिति में आप कोई उल्लेखनीय सफलता हासिल कर सको यह सम्भव नहीं हो पाएगा।

सफलता—संघर्ष की गाथा है। सफलता के मार्ग में बहुत-सी कठिनाइयाँ, रुकावटें आती हैं, यह निर्विवाद है। कमज़ोर लोग इसीलिए अपनी राह बदल लेते हैं। बिना अपनी योग्यता, क्षमता को पूरी तरह लक्ष्य के अर्जन हेतु एकाग्र किए, सफलता प्राप्त करना वर्तमान प्रतिस्पर्द्धा के युग में सम्भव प्रतीत नहीं होता है।

उचित लक्ष्य का निर्धारण एवं उस लक्ष्य की प्राप्ति हेतु अपनी योग्यता, क्षमता का उस लक्ष्य को प्राप्त करने हेतु पूरा फोकस यदि कर दिया जाए तो सफलता मिलती ही है, ऐसा हमारा विश्वास है।

''मेरी मंजिल मुझे मिलेगी इसका मुझे अहसास है सन्देह नहीं मुझे अपने इरादों पर ये मेरी सोच और हौसलों का विश्वास है।''

8 योजना बनाएँ

लक्ष्य तय करने के बाद, लक्ष्य की समय-सीमा तय करने के बाद, सबसे महत्त्वपूर्ण बात है कि आप अपने लक्ष्य को स्वयं द्वारा निर्धारित समय सीमा में प्राप्त करने हेतु योजना बनाएँ। स्वयं को तैयार करें, देखें कि कब-कब, क्या-क्या कार्य होना है? आपको एक रणनीति तैयार करनी होगी। यदि आप एक कम्पनी के मालिक हैं, आपने लक्ष्य निर्धारित किया है कि दो वर्ष में कम्पनी की बिक्री वर्तमान से दोगुनी

करनी है तो आपको इसके लिए, एक योजना तैयार करनी होगी। स्टाफ को तैयार करना होगा, उनके विचार जानने होंगे, उनके भी व्यक्तिगत टारगेट तय करने होंगे। उनको प्रोत्साहन हेतु कुछ अवाड्‌र्स/रिवाड्‌र्स/ डिस्काउण्ट/ कमीशन तय करना होगा।

डीलर्स को प्रोत्साहित करने हेतु अलग से कमीशन/डिस्काउण्ट की स्कीम तैयार करनी होगी। आपकी कम्पनी का प्रोडक्ट बाज़ार में स्वीकार किया जाए, इसके लिए विज्ञापन इत्यादि तैयार करने होंगे। आपके प्रोडक्ट की क्वालिटी भी अच्छी बनी रहे, इसका ध्यान रखना होगा। साथ ही प्रोडक्ट के उत्पादन में वृद्धि हेतु आवश्यक तैयारी करनी होगी। यह सब पूरी योजना बनाकर ही सम्भव है। सही, उत्कृष्ट योजना आपको सफलता की ओर अग्रसर करती है। किसी भी व्यवसाय में सफलता हेतु पूर्व में योजना बनाना हमेशा लाभदायक होता है। वैसे भी जीवन के हर कार्य में भी योजना बनाना, उचित रहता है। इससे गलती होने की सम्भावना कम रहती है।

हर कार्य सही समय पर लक्ष्य के अनुरूप चलता रहता है। ऊर्जा एवं श्रम की बचत होती है। आर्थिक रूप से योजनाबद्ध कार्य हमेशा फलदायी होता है। किसी भी क्षेत्र में सफलता के लिए योजना बनाने से आप अपने पास उपलब्ध साधनों का भरपूर उपयोग कर पाने में सफल रहते हैं। आपाधापी में, बिना योजना के किए गए कार्य के सफल होने की आशा नहीं करनी चाहिए। योजना से आपको एक विश्वास मिलता है जो सफलता हेतु बहुत आवश्यक है।

इसी प्रकार आप किसी अभीष्ट परीक्षा में सफल होने का लक्ष्य तय करते हैं तो आपको इसके लिए भी योजना बनानी होगी। अपना पढ़ाई का टाइम टेबल तैयार करना होगा। अभीष्ट परीक्षा के प्रश्न-पत्र कौन-कौन से हैं, किस प्रकार के प्रश्न (Objective-Descriptive) पूछे जाते हैं। उनका स्तर क्या है? परीक्षा में पूछे जाने वाले प्रश्न-पत्रों के अनुसार आपको योजना बनाकर तैयारी करनी होगी।

आप किस विषय में प्रवीण हैं, किस विषय में कमज़ोर हैं, इन सारी बातों का ध्यान करके, पहले से ही तैयारी करनी आवश्यक है। रिवीज़न के लिए भी समय बचाना आवश्यक है। ये सब बिन्दु, आपकी सफलता के लिए बनाई जाने वाली योजना, रणनीति का हिस्सा हैं।

> ''जब आप किसी कार्य की शुरुआत करें,
> तो असफलता से नहीं डरें,
> और उस कार्य को छोड़े नहीं।
> जो लोग ईमानदारी से कार्य करते
> हैं अन्ततः वे ही सफल होते हैं।''
> —चाणक्य

⑨ प्राथमिकताएँ तय करें

किसी भी व्यवसाय, किसी भी प्रोजेक्ट में एकसाथ बहुत से कार्यों को पूरा किया जाना होता है। व्यक्ति बहुत कन्फ्यूज़ (Confuse) हो जाता है। ऐसी स्थिति में कार्यों की प्राथमिकताएँ उनके महत्त्व को देखते हुए तय करना बहुत ज़रूरी है। जिस काम का जितना अधिक महत्त्व है, उसे पहले, जिस कार्य को दो दिन के लिए विलम्बित किया जा सकता है, उसे दो दिन बाद, जिसे एक सप्ताह के लिए विलम्बित किया जा सकता है उसे एक सप्ताह बाद करने की प्राथमिकता पर रखें। यह बहुत महत्त्वपूर्ण बिन्दु है।

जीवन में उचित प्राथमिकता तय करना, न केवल व्यक्तिगत सफलता के लिए, बल्कि किसी भी व्यवसाय की सफलता के लिए बहुत आवश्यक है। यदि हम महत्त्वपूर्ण प्राथमिकताओं को बाद में एवं कम महत्त्वपूर्ण प्राथमिकताओं

को पहले पूर्ण करने की गलती करते हैं तो अधिक महत्त्वपूर्ण कार्यों के लिए, न समय बचेगा और न ही धन एवं व्यवसाय का सारा ढाँचा चरमरा जाएगा। इसके लिए एक बहुत ही शानदार उदाहरण दिया जाता है, जिसे हम संक्षेप में यहाँ प्रस्तुत कर रहे हैं।

एक बार एक प्रोफेसर एक कक्षा में एक प्रैक्टिकल द्वारा कार्यों की प्राथमिकताओं के सम्बन्ध में बता रहे थे। उन्होंने एक जार लिया और उसमें कुछ मोटे-मोटे पत्थर के टुकड़े डालकर उस जार को भर दिया। फिर छात्रों से पूछा कि जार भर गया क्या? छात्रों ने जवाब दिया हाँ जी, जार भर गया।

अब प्रोफेसर महोदय ने उस जार में कुछ छोटे-छोटे कंकर डाले और फिर पूछा कि जार भर गया क्या? सभी छात्र चुप रहे। अब प्रोफेसर महोदय ने उस जार में रेत डाली और फिर पूछा कि जार भर गया क्या?

छात्रों की समझ में नहीं आया कि प्रोफेसर महोदय क्या कहना/पूछना चाहते हैं? अब प्रोफेसर महोदय ने उस जार को पानी से भर दिया। प्रोफेसर ने बताया कि सबसे बड़े पत्थर सबसे महत्त्वपूर्ण प्राथमिकताएँ हैं।

यदि इनका समाधान सबसे पहले नहीं किया जाए तो बाद में इनके लिए स्थान ही नहीं है। छोटे कंकर-दूसरी महत्त्वपूर्ण प्राथमिकताएँ हैं एवं रेत-तीसरी महत्त्वपूर्ण प्राथमिकताएँ हैं। यदि रेत को पहले महत्त्व दे दिया जाता तो इससे अधिक महत्त्वपूर्ण प्राथमिकताएँ कंकरों के लिए स्थान ही नहीं

बचता है। अत: अपनी प्राथमिकताओं का उनके महत्त्व के अनुसार समाधान करना, किसी भी व्यवसाय या व्यक्तिगत सफलता के लिए आवश्यक है।

''शिकायत करना सरल है
लेकिन स्वयं के पैरों पर उठना
और खड़े होना कठिन है। पर जब
हम ऐसा करते हैं एवं स्वयं का
मूल्यांकन करते हैं तो हम अपने
आप को सफलता की बुलन्दियों
को छूने के काबिल बना लेते हैं।''

⑩ अपनी योग्यता, क्षमता पर विश्वास रखें

सफलता के लिए सबसे अधिक महत्त्वपूर्ण तत्त्व है स्वयं पर विश्वास। स्वयं की योग्यता, क्षमता पर विश्वास। बिना इस विश्वास के आप कुछ भी नहीं कर सकते। यदि आपका स्वयं की योग्यता, क्षमता पर विश्वास नहीं है तो आप न कोई निर्णय ले सकते हैं, न आप कोई योजना बना सकते है, न कोई लक्ष्य निर्धारण कर सकते हैं और न ही स्वयं को संघर्ष के लिए तैयार कर सकते हैं।

आपकी इच्छाशक्ति, लक्ष्य को प्राप्त करने का जज्बा, सफलता के रास्ते में आने वाली विपदाओं का सामना करने की शक्ति तब ही कारगर होगी, जब आप स्वयं की योग्यता, क्षमता में विश्वास रखते हों। बिना स्वयं पर

विश्वास के सफलता की राह का एक पड़ाव भी पार करना मुश्किल कार्य है। बिना आत्मविश्वास के मिला हुआ प्रतिफल, एक लॉटरी या भाग्य का ही परिणाम हो सकता है, इसे सफलता का पड़ाव कहना अनुपयुक्त होगा। हर सफल व्यक्ति अपनी योग्यता, क्षमता के बल पर ही आगे बढ़ पाया है।

दूसरों के सहारे भी वही बढ़ सकता है जिसमें स्वयं में कुछ कुव्वत हो। कड़ी मेहनत का जज्बा, परेशानियों में, विपरीत परिस्थितियों में धैर्य रखना एवं पूरी दृढ़ता के साथ आगे बढ़ने के लिए, स्वयं पर विश्वास होना आवश्यक है।

यह विश्वास ही, अपने सहकर्मियों में ऊर्जा का संचार करता है। यदि आप स्वयं ढुलमुल हैं तो आपके सहकर्मी तो आपसे पहले ढुलमुल हो जाएँगे। आपकी नेतृत्व क्षमता आपकी स्वयं की योग्यता, क्षमता का ही तो परिणाम है।

''मंजिलें इंसान के हौसले आज़माती हैं,
सपनों के परदे आँखों से हटाती हैं।
किसी भी बात से हिम्मत मत हारना,
ठोकरें ही इन्सान को चलना सिखाती हैं।''

⑪ चुनौतियों का सामना करें

सफलता की राह आसान नहीं है। सफलता के राही को बार-बार विभिन्न प्रकार की चुनौतियों का सामना करना पड़ता है। सफल वही होता है जो किसी भी प्रकार की चुनौतियों का बहुत धैर्य से, साहस से एवं चतुराई से मुकाबला करता है एवं उनको समय पर दूर करने का प्रयास करता है। चुनौतियों का सामना करते समय आपको बहुत विनम्र होने की, बहुत धैर्य रखने की आवश्यकता है।

कई बार बिना कारण के व्यवसाय में नुकसान हो सकता है। कई बार आपका पार्टनर आपका साथ छोड़ सकता है, कई बार विशेष कर्मचारी आपको छोड़कर जाने को तैयार हो सकता है। ऐसी कितनी ही परिस्थितियाँ आ सकती हैं। ये सफलता के मार्ग की ऐसी चुनौतियाँ हैं, जो हर व्यक्ति को किसी-न-किसी रूप में झेलनी पड़ती हैं।

ऐसे बहुत-से व्यक्ति हैं जिन्हें शुरुआत में या यह कहें कि सफलता के सफर में कितनी ही बार, विपरीत परिस्थितियों का सामना करना पड़ता है लेकिन जो व्यक्ति धैर्य के साथ पूर्ण समर्पित होकर अपने लक्ष्य की पूर्ति में तत्पर रहता है, वह अवश्य सफलता प्राप्त करता है।

''खुद पर भरोसे का,
हुनर सीख लो दोस्तों,
सहारे कितने भी सच्चे हों,
साथ छोड़ ही जाते हैं।''

12 स्वयं की कमज़ोरियों का ईमानदारी से आकलन करें

देखा गया है कि अपनी असफलता के लिए व्यक्ति हमेशा किसी अन्य परिस्थिति या भाग्य/दुर्भाग्य को ज़िम्मेदार ठहराने का हर सम्भव प्रयास करता है। कोई-न-कोई सरल सा बहाना बनाकर वह बचना चाहता है।

आजकल भ्रष्टाचार, आरक्षण भी कारण हो गए हैं जिन्हें व्यक्ति अपनी असफलता हेतु ज़िम्मेदार ठहराने का प्रयास करते हैं, लेकिन वास्तविकता तो अधिकांशतया यह होती है कि हमारी असफलता के लिए हम ही सबसे ज़्यादा ज़िम्मेदार हैं।

हम एक बात पूछना चाहते हैं, क्या जिस परीक्षा/क्षेत्र में आप सफलता/असफलता की बात कर रहे हैं, वहाँ अन्य कोई सफल हुआ है या नहीं। यदि अन्य कोई सफल हुआ है तो आप क्यों नहीं?

यह हम मान सकते हैं कि कई बार कोई सरकारी नीति में हुए किसी बदलाव से आप सफलता से वंचित रह गए हों, लेकिन यह एक अपवादस्वरूप घटना हो सकती है।

आप किसी अभीष्ट परीक्षा की तैयारी कर रहे हैं, लेकिन आप एक पेपर की तैयारी पूरी नहीं कर पाए या आप किसी विषय का पेपर देने गए तो उस पेपर में उन दो चैप्टर में से ही तीन प्रश्न आ गए जिन्हें आप महत्त्वहीन समझकर छोड़ गए, ऐसी स्थितियों के कारण असफलता के लिए कौन ज़िम्मेदार है?

कई अभ्यर्थी, केवल गाइड्स पढ़कर ही सफलता अर्जित करना चाहते हैं। कई पिछले पाँच वर्षों के पेपर्स की तैयारी करके ही सफल होना चाहते हैं।

इसी प्रकार कई बार आप जब नया व्यवसाय शुरू करते हैं तो उसकी पूरी जानकारी नहीं करके मात्र अन्य की देखा-देखी उस व्यवसाय को अपना लेते हैं और फिर असफलता के लिए भाग्य/दुर्भाग्य को ज़िम्मेदार ठहराते हैं। सारी बातों का अर्थ है कि आपको अपनी कमज़ोरियों का सही आकलन नहीं करने पर सफलता मिलना असम्भव नहीं तो कठिन अवश्य है।

''दीपक सोने का हो या मिट्टी का
मूल्य उसका नहीं होता। मूल्य होता
है उसकी लौ का, लौ (रोशनी)
जो अन्धकार को दूर करे।''

⑬ अपनी गलतियों से सीखें

जब हम किसी कार्य को करते हैं तो गलतियाँ होना कोई असामान्य बात नहीं है। गलतियाँ तभी होती हैं, जब हम कुछ करते हैं। वस्तुत: गलतियाँ हमें सुधरने का मौका देती हैं। गलतियाँ हमारे अनुभव को परिपक्व बनाती हैं, हमारी सूझबूझ एवं कार्यप्रणाली में प्रखरता लाती हैं।

गलतियों से हमें निराश होने की या दु:खी होने की कोई आवश्यकता नहीं है, ऐसी सामान्य घटनाएँ तो होंगी ही। कई व्यक्ति भूतकाल की गलतियों से इतने आहत होते हैं कि हमेशा उनका ही ज़िक्र किया करते हैं। ऐसा करने का कोई लाभ नहीं। वर्तमान में जीना सीखें एवं पुरानी गलतियों को ना दोहराएँ ऐसा सुप्रयास करें।

गलतियों से हमें सबक लेना चाहिए। हमारी कार्य प्रणाली में आवश्यक परिवर्धन, परिवर्तन की सीख, गलतियों से ही मिलती है, लेकिन बार-बार एक ही प्रकार की गलतियाँ करना भी गलत है। आपको यह नहीं समझना चाहिए कि आप जो कर रहे हैं वह गलत नहीं हो सकता।

वस्तुत: हमें गलतियों से अपने कार्य करने के तरीकों, कार्यप्रणाली, व्यवहार में कमी का अहसास होता है और यदि आपने उसमें उचित सुधार कर लिया तो सफलता सुनिश्चित हो जाती है।

> ''इन्सान एक दुकान है और
> जुबान उसका ताला। ताला खुलता है,
> तभी मालूम होता है कि दुकान
> सोने की है, या लोहे की है।''

14 परिस्थितियों के अनुरूप स्वयं को ढालें

सफलता के लिए सबसे आवश्यक है कि जो भी परिस्थिति है, उसके अनुरूप स्वयं को ढालें एवं अपनी पूरी योग्यता, क्षमता के साथ अपनी सम्पूर्ण ऊर्जा अपने लक्ष्य को पाने हेतु लगा दें। परिस्थितियों का अर्थ है कि आप एक पैर से अपंग हों, हो सकता है आपका एक हाथ ठीक से काम न करता हो।

ऐसी कुछ भी परिस्थिति है तो उस अपंगता के कारण स्वयं पर तरस नहीं खाना चाहिए, बल्कि उस अपंगता की पूर्ति करने हेतु अधिक उत्साह, अधिक ऊर्जा के साथ, अधिक कठिन मेहनत करने की आवश्यकता है। इतिहास में ऐसे उदाहरण भरे पड़े हैं। जब ऐसे निशक्त व्यक्तियों ने सफलता का परचम लहराया है। कहते हैं कि पुरुषार्थ के समक्ष दुर्भाग्य भी नतमस्तक हो जाता है एवं सफलता उनका वरण करती है।

ऐसे बहुत-से छात्रों को आप जानते होंगे जिन्हें दो जून की रोटी नसीब नहीं होती थी। कई-कई किलोमीटर पैदल चलकर, स्कूल/कॉलेज जाना पड़ता था लेकिन अपनी लगन एवं मेहनत के बल पर उन्होंने सफलता अर्जित की। हमारे पूर्व प्रधानमन्त्री स्व. लाल बहादुर शास्त्री गली में लैम्प पोस्ट के नीचे पढ़ाई करके आगे बढ़े और एक दिन हमारे देश के महान् प्रधानमन्त्री बने।

वस्तुत: सफलता के लिए विकट/विषम परिस्थितियाँ मार्ग को अवरुद्ध नहीं करती हैं। यदि व्यक्ति में जुनून हो, स्वयं पर विश्वास हो, कठोर मेहनत करने का जज्बा हो तो हर विषम परिस्थितियाँ आपके सामने नतमस्तक हो जाती हैं। कई सन्दर्भ में तो ये विषम परिस्थितियाँ आपको संघर्षशील होकर अधिक उत्साह, जोश एवं ऊर्जा से आगे बढ़ने को प्रेरित करती हैं।

''एल्प्स पर्वतमाला की घाटी का सर्वे करके लौटे नेपोलियन के इन्जीनियर्स ने उसे बताया कि यह रास्ता पार करना सेना के लिए शायद सम्भव नहीं होगा। यह सुनकर नेपोलियन अपने साथ हज़ार सैनिकों को लेकर, पूरे लाव-लश्कर के साथ उस घाटी को पार कर गया। दुनिया देखती रह गई, उस नाटे कद के नेपोलियन के साहस एवं दृढ़ इच्छाशक्ति को। नेपोलियन विपरीत परिस्थितियों में अवसर ढूँढकर उसे अपने अनुकूल ढालने में प्रवीण था।''

१५ अवसर को पहचानें, अवसर पैदा करें

जीवन में संघर्ष के दौरान कई अच्छे अवसर मिलते हैं, जिन्हें यदि आपने समझ लिया एवं उसका लाभ उठा लिया तो जीवन का स्वरूप ही बदल जाता है। इसके लिए चाहिए होती है पारखी नज़र। जब कभी अवसर मिलता है तो उसके साथ 'वर्तमान' को त्यागने की 'रिस्क' संलग्न रहती है। सफलता के मार्ग में ऐसी रिस्क एक सामान्य-सी बात है और व्यक्ति को केलकुलेटेड रिस्क (Calculated Risk) लेने में हिचक भी नहीं होनी चाहिए। आज का समय तो यह है कि अवसरों को पैदा किया जाए। ऐसी स्थिति बनाई जाए कि अवसर स्वयं आपके सामने दिखाई देने लगे।

इसका अर्थ है नवीन विचार (New Ideas) का विकास एवं उसमें स्वयं के लाभ को तलाशना है। आपके विचारों में इस तरह की प्रवरता एवं प्रखरता होनी चाहिए। आपके आइडियाज ऐसे होने चाहिए कि सभी उन्हें पसन्द करें एवं यही आपको अवसर मिलता है। ये अवसर आपको पैदा करने हैं। यह टीनएजर्स का युग है। आप जो भी व्यवसाय स्थापित करते हैं उसका फोकस जो भी वर्ग है, वह वर्ग आपके उत्पादन को पसन्द करने वाला होना चाहिए।

आजकल सामान्य रेस्टोरेण्ट की जगह 'हुक्का बार' खुल रहे हैं। आज शैम्पू एवं सर्फ का पैक एक एक रुपये का मिलने लगा है। आज बड़ी-बड़ी कम्पनियाँ पुराने व्हीकल, पुराना सामान बेचकर पैसे कमा रही हैं। ऐसी इन्टरनेट साइट्स उपलब्ध हैं, जहाँ आप पुराना सामान बहुत आराम से बेच सकते हैं। आज व्यक्ति को सुविधा चाहिए और वह सुविधा वह उचित दामों पर चाहता है एवं उसकी विश्वसनीयता भी होनी चाहिए। आप यह सब करने का तरीका ढूँढ सकते हो तो आप अपने लिए अवसर पैदा कर रहे हो, तब सफलता आपको वरण अवश्य करेगी।

''एक शहर को जीतने के बाद
सिकन्दर से किसी ने पूछा,
यदि अवसर मिला तो क्या आप
दूसरा शहर भी जीतना चाहेंगे?
सिकन्दर ने कहा, 'अवसर', यह
क्या होता है? अवसर तो मैं तैयार
करता हूँ।''

16 दूसरों की हू-ब-हू नकल न करें

'सफलता' पर लिखी हुई अधिकांश किताबों में लिखा होता है कि दूसरों की नकल न करें। हमारा कहना है कि व्यक्ति दूसरों को देखकर ही उसके जैसी सफलता पाना चाहता है। दूसरों की खुशहाली, व्यापार में प्रगति देखकर ही तो वह उस कार्य को करने को प्रेरित होता है।

नकल तो व्यक्ति की प्रवृत्ति है, लेकिन कहते हैं कि नकल के लिए भी अक्ल की आवश्यकता होती है। अत: सर्वप्रथम ध्यान रखें कि दूसरों की हू-ब-हू नकल कभी न करें। आप दूसरों से सीखें, चाहे आप किसी परीक्षा की तैयारी कर रहे हों या किसी व्यवसाय में कदम रखना चाहते हों।

अपने साथियों, सहकर्मियों, अन्य व्यवसायियों के गुणों को आत्मसात् करने का प्रयास करें। बहुत-से छात्र किसी परीक्षा हेतु, दूसरे छात्र की देखा-देखी फार्म भर देते हैं। अन्य छात्रों की नकल करते हुए, बिना स्वयं ठीक तरह से जानकारी किए, कोचिंग में भी प्रवेश ले लेते हैं।

कई तो किताबें भी अन्य छात्रों की नकल कर खरीद लेते हैं। कई छात्र तो दूसरे छात्र को देखकर नोट्स बनाना शुरू कर देते हैं। कई छात्र दूसरे छात्रों को देखकर रात में देर तक पढ़ना एवं सुबह देर से उठना शुरू कर देते हैं, कई सुबह जल्दी उठना एवं रात को जल्दी सोना शुरू कर देते हैं।

हर छात्र की अपनी विशिष्टता होती है। किसी को रात में जल्दी सोने की आदत होती है, तो किसी को देर से सोने की। इसी प्रकार से कई बच्चे नोट्स बनाकर पढ़ने में कुशल होते हैं और वे बहुत पहले से इस कार्य में लग जाते हैं।

नोट्स बनाना, एक बड़ी कुशलता का कार्य है। कई बच्चों को चुपचाप पढ़ने की आदत होती है तो कई म्यूजिक सुनते हुए पढ़ना चाहते हैं। अर्थ हुआ कि हर छात्र की अपनी विशेषता, विशिष्टता होती है। अत: हू-ब-हू नकल करने से वह मानसिक रूप से अस्त-व्यस्त हो सकता है।

इसी प्रकार किसी भी व्यवसाय में आप दूसरे से सापेक्षतया अच्छा करने का प्रयास करें। आप अन्य से अच्छा प्रोडक्ट लाएँ, कुछ नया करें। अपनी विशिष्टता पैदा करें, सफलता मिलेगी।

यदि आप मात्र दूसरों की हू-ब-हू नकल करते रहे तो आपका प्रोडक्ट डुप्लीकेट की तरह पहचाना जाएगा एवं मूल प्रोडक्ट ओरिजनल माना जाएगा। आवश्यकता है कि धैर्य से सोचें और ऐसा कार्य करें जो अन्य से श्रेष्ठ एवं मौलिक हो, सफलता मिलेगी।

> ''पुरुषार्थी वह नहीं जो अवसर
> का इन्तज़ार करते हैं, अपितु वे हैं
> जो अवसर को अपने अधीन रखते हैं।
> वे स्वयं अवसर के अधीन नहीं होते हैं।''
>
> —चेपीन

⑰ अन्य की सफलताओं/असफलताओं से सीखें

अंग्रेज़ी का एक कथन है...

> "Smart people learn from their own
> mistakes but the real sharp ones
> learn from the mistakes of others."

अर्थात् जो स्मार्ट व्यक्ति होते हैं वे स्वयं की गलतियों से सीखते हैं, लेकिन जो वास्तव में होशियार होते हैं वे दूसरों द्वारा की गई गलतियों से सीखते हैं। हर व्यक्ति के जीवन में उतार-चढ़ाव आते हैं। कई प्रकार की गलतियाँ जाने-अनजाने व्यक्ति करता है। अत: जो व्यक्ति जागरूक रहता है, वह दूसरों की सफलता एवं असफलताओं से सबक लेता है और आगे बढ़ता है।

यदि आप छात्र हैं तो आपको सफल छात्रों से सफल होने के गुरुमन्त्र मिल सकते हैं। एक सफल होने वाला छात्र आपको यह भी बता सकता है कि असफल होने के क्या कारण हैं या सफल होने के लिए किन चीज़ों को अपनाना चाहिए एवं किन चीज़ों से दूर रहना चाहिए।

एक खिलाड़ी तो दूसरे खिलाड़ियों की गलतियों से बहुत कुछ सीखता है। आजकल तकनीक में इतना विकास हो गया है कि खिलाड़ी की एक-एक पल की गतिविधि का पता चल जाता है। बहुत-से खिलाड़ी, छोटी-सी गलती करके अपने जीवन को बर्बाद कर लेते हैं।

आप नौकरी में हैं और किसी लोभ/लालच में आकर गलत कार्य कर लेते हैं तो आप अपना भविष्य दाँव पर लगाते हैं। नौकरी में आगे बढ़ने वालों से आपको सफल होने के गुरुमन्त्रों का भी ज्ञान हो जाता है। आप किसी भी व्यवसाय में हैं, आपको सफल होने के लिए दूसरों के गुणों को आत्मसात् करना चाहिए। आपका व्यवहार अच्छा है, तो आपको अच्छे मार्गदर्शक मित्र मिल सकते हैं, जो आपको सफल होने हेतु क्या आवश्यकता है, इसके बारे में पूरा मार्गदर्शन कर सकते हैं, साथ ही आपको उन गलतियों के बारे में बता सकते हैं जिनके कारण उन्हें भी अपने जीवन में कठिनाइयों का सामना करना पड़ा। कहते हैं

> *"Learn from the mistakes of others, you can never live long enough to make them yourself."*
>
> —*Chanakya*

अर्थात् दूसरों द्वारा की गई गलतियों से सीखें। अपने ही ऊपर प्रयोग करके सीखने को अपनी उम्र कम पड़ेगी। हम जो कहते हैं कि "सफलता का कोई शॉर्टकट नहीं है" यह भी लोगों के अनुभव द्वारा प्रमाणित तथ्य है। कहते हैं कि—

''जो व्यक्ति कड़ी मेहनत, पूर्ण निष्ठा एवं लगन से अपने लक्ष्य की पूर्ति हेतु प्रयास करता है, वह हमेशा सफल होता है''

यह तथ्य भी तो दूसरों के अनुभव का परिणाम है।

> ''कई व्यक्ति आदर्श त्रुटिरहित कार्य
> करने की भावना के इतने दबाव में
> रहते हैं कि वे थोड़ी भी प्रतिकूल
> परिस्थितियों में, त्रुटियाँ होने के डर से,
> अनुकूल परिस्थिति आने तक कोई
> कार्य करते ही नहीं हैं।''

18 व्यावहारिक बनें

जीवन में सफल होने के लिए व्यक्ति का व्यावहारिक होना एक महत्त्वपूर्ण तत्त्व है। व्यावहारिकता से अनावश्यक तनाव एवं समस्याओं में स्वत: ही कमी आती है। अनावश्यक रूप से उत्पन्न होने वाली गलतफहमियाँ, आपसी द्वेष उत्पन्न नहीं होता है। व्यावहारिक होने से आपको लोगों का सहयोग मिलता है, अपने साथियों में आप लोकप्रिय होते हैं। कई बार जो कार्य पैसे से नहीं हो पाता वह कार्य व्यावहारिकता एवं विनम्रता से हो जाता है। विनम्रता एवं व्यावहारिकता एक-दूसरे की सहोदर हैं।

जो व्यक्ति व्यावहारिक नहीं होते हैं, उनके जीवन में हर क्षेत्र में दिन-प्रतिदिन परेशानियाँ आती रहती हैं, तनाव बना रहता है। जीवन में आगे बढ़ने के स्थान पर, वे अपने व्यवहार से उत्पन्न समस्याओं में उलझे रहते हैं। कई बार तो स्थिति इतनी विस्फोटक हो जाती है कि व्यवसाय को ही बन्द करने की नौबत आ जाती है। आप नौकरी में हैं तो आपके व्यवहार के कारण आपके 'बोस' या आपके सहकर्मियों से आपका मनमुटाव, द्वेषता बनी रहती है।

आप चाहे किसी नौकरी में, किसी प्रोफेशन में हों या आपका स्वयं का व्यवसाय हो, व्यावहारिकता जीवन में सुचारु, तनाव रहित, कटुता रहित, द्वेष रहित रखने में बहुत महत्त्वपूर्ण भूमिका अदा करती है।

''कुछ नहीं मिलता जीवन में माँगने से, सफलता मिलती नहीं, राह में रुक जाने से, ईश्वर को साक्षी रखकर, विश्वास रखना स्वयं की कुव्वत पर, सब कुछ मिलता है भैय्या, सही वक्त आने पर।''

19 जिज्ञासु बनें

मानव मस्तिष्क में अनगिनत विलक्षण शक्तियाँ छिपी हुई हैं। इन शक्तियों के समुचित उपयोग से व्यक्ति ऐसी अद्भुत सफलता प्राप्त कर सकता है, जिसकी वह स्वयं भी कभी कल्पना नहीं कर सकता। इसके लिए आवश्यक है व्यक्ति का जिज्ञासु होना, नई चीज़ों को जानने की इच्छा, नए तरीकों को अपनाना। आवश्यकता है आपका मस्तिष्क खुला रहे, आँखें खुली रहें, अपने आसपास हो रही नई खोज, नई

वस्तुओं की जानकारी करते रहें। आज जो भी नई वस्तुएँ आ रही हैं उनमें नई-नई तकनीकी का प्रयोग करके, किस तरह से कन्ज्यूमर्स को आकर्षित एवं प्रभावित करने का प्रयास किया जा रहा है। हर क्षेत्र में होने वाले आविष्कार

मुख्य रूप से टीवी, मोबाइल, ऑटोमोबाइल्स के क्षेत्र में आ रहे नए-नए उत्पाद, व्यक्ति की जिज्ञासु प्रवृत्ति का ही परिणाम है। आपकी जिज्ञासु प्रवृत्ति, आपकी चीज़ों को जानने की उत्सुकता, आपको सफलता के नए-नए आयाम स्थापित करने में बहुत मददगार होती है। व्यक्ति को अपनी रुचि के अनुसार आगे बढ़ना चाहिए। सफलता के लिए वैसे भी आपको लगातार जागरूक रहने की आवश्यकता है। सफलता एक स्तर प्राप्त कर लेने तक सीमित नहीं है। सफलता के लिए आवश्यक है कि आप उस स्तर को बनाए रखें एवं आगे बढ़ते जाएँ। आपकी रचनात्मकता, आपकी जिज्ञासु प्रवृत्ति, आप द्वारा नई-नई तकनीकों का विकास करने में बहुत अहम् भूमिका अदा करती है एवं सफलता के नए द्वार खोलती है, नई बुलन्दियाँ छूने में सहायक होती है।

''सफल लोग दूसरों की मदद के
लिए हमेशा तैयार रहते हैं,
और वहीं असफल लोग कहते हैं —
भला इसमें मेरा क्या लाभ?''
—ब्रेन ट्रेसी

20 लगातार प्रयास करते रहें

सफलता का मूल मन्त्र है, लगातार प्रयास करते रहें। सफलता की राह में बहुत फिसलन है, बहुत प्रकार की अड़चनें, परेशानियाँ आती हैं, यह स्वाभाविक है। अभी आपको सफलता नहीं मिली, लेकिन हो सकता है सफलता आपसे दो कदम ही दूर हो। सफलता मात्र एक दिन का प्रयास नहीं, बल्कि यह लगातार प्रयासों का समग्र परिणाम होती है।

शुरुआत में व्यक्ति को जानकारी का अभाव होता है, अनुभव की कमी होती है। अत: उसकी राह में कई परेशानियाँ आती हैं लेकिन अन्तत: सफल वही होता है, जो लगातार प्रयासरत रहता है। आप किसी अभीष्ट परीक्षा हेतु तैयारी कर रहे हैं, लगे रहें। हो सकता है, एक बार में आपको सफलता नहीं मिले। आप अपनी सफलता के कारणों के बारे में ईमानदारी से आकलन करें एवं अपनी कमियों/कमज़ोरियों को दूर करें।

पुन: प्रयास करें, सफलता मिलेगी। मान लो दूसरी बार में भी कुछ कमी रह गई है। कभी-कभी ऐसा भी हो जाता है तो निराश न हों और पूरे उत्साह से पुन: मेहनत करके परीक्षा दें। सफलता उसे ही मिलती है, जो लगातार प्रयासरत रहता है। आपने सुना होगा—

"A quitter never wins
And a winner never quits."

अर्थात् जिसने प्रयास छोड़ दिया, उसे सफलता कभी नहीं मिल सकती और सफल होने वाला कभी प्रयास नहीं छोड़ता है। आज के महानायक अमिताभ बच्चन भी जीवन के सफर में एक बार दिवालिया होने की कगार पर पहुँच गए थे, लेकिन वे डटे रहे एवं आज पुन: सफलता के शिखर पर हैं।

साधारण भाषा में समझ लें, आप किसी अभीष्ट परीक्षा में दो बार असफल हो गए और आप निराश होकर पुनः उस परीक्षा में नहीं बैठते हो तो आप सफल तो हो ही नहीं सकते, लेकिन आप बहुत धैर्य से अपनी गलतियों को समझो, अपनी कमियों को पहचानों और पुनः पूरी मेहनत करके पूर्ण आत्मविश्वास से परीक्षा में बैठो, सफलता मिलती ही है। आखिर जो सफल होते हैं वे भी तो आपके हमारे जैसे लोग ही होते हैं।

इसी प्रकार आप जिस व्यवसाय में भी संलग्न हैं, उसमें कुछ विशिष्टता, विशेषता पैदा करें। पूरी ईमानदारी, निष्ठा एवं लगन से मेहनत करें, आप अवश्य सफल होंगे, जो लोग किसी व्यवसाय में असफल होते हैं, उसके लिए अधिकांशतया वह स्वयं ही ज़िम्मेदार होते हैं। प्रोडक्ट की घटिया क्वालिटी, बेइमानी, व्यवहार में अहंकार ऐसे बहुत-से कारण होते हैं जिनके कारण वे असफल होते हैं। हल्दीराम भुजिया, लिज्जत पापड़, बीकानेरी रसगुल्ले ये ऐसे प्रोडक्ट हैं, जो अपनी गुणवत्ता एवं लगातार प्रयास के कारण आज घर-घर में पसन्द किए जाते हैं। ये व्यवसाय शुरू में छोटे स्तर पर शुरू किए गए, लेकिन आज इन कम्पनियों का कई हज़ार करोड़ का टर्नओवर है।

हर खिलाड़ी की सफलता के पीछे भी लगातार प्रयास ही सबसे बड़ा कारण है। जीवन में जो व्यक्ति पूरी मेहनत, लगन, निष्ठा एवं ईमानदारी से किसी भी क्षेत्र में प्रयासरत रहता है, आज या कल उसे सफलता अवश्य मिलती है। जीवन संघर्ष का ही तो नाम है। आप लगे रहें, सफलता अवश्य मिलेगी। आज जो लोग सफल कहलाते हैं, वे कितनी ही बार असफल हुए हैं, लेकिन वे लगातार प्रयासरत रहे।

अब्राहम लिंकन की सफलता की दास्तान, इसका बहुत ही श्रेष्ठ उदाहरण है। जीवन में जितनी असफलताओं का सामना लिंकन ने किया वह अपने आप में उनके धैर्य का परिचायक है, लेकिन फिर भी वे लगातार प्रयासरत रहे और अमेरिका के प्रेसीडेन्ट बने।

''सफल होने वाले व्यक्ति किसी भी
प्रतिकूल परिस्थिति में उसका
सामना करने का पूर्वाभ्यास
मन ही मन में कर लेते हैं
एवं ऐसी परिस्थिति आने पर
घबराते नहीं, बल्कि अपना मानसिक
सन्तुलन बरकरार रखते हैं।''

सफलता प्राप्ति
(व्यवसाय के सन्दर्भ में)

व्यवसाय में सफलता प्राप्त करना प्रत्येक व्यवसायी का सपना होता है। इस सपने को सच करने के लिए उसके लिए यह आवश्यक है कि वह वर्तमान समय के प्रतिस्पर्द्धात्मक रवैये को छोड़कर अपने मानवीय व चारित्रिक गुणों की ओर भी ध्यान दें। वह अपने सहकर्मियों के कार्य की प्रशंसा करें एवं समय–समय पर उनसे बातचीत करें एवं दूसरों से अलग हट कर कुछ करने का प्रयास करें।

निर्णयात्मक शक्ति, धैर्य, अनुशासन आदि गुणों को अपनाएँ। समय के पाबन्द होकर कार्य के लिए त्वरित निर्णय लेते हुए स्वस्थ एवं जीवन्त रहें। विवादों से परहेज करें, निरन्तर निबार्ध गति से परिश्रम करें यही सफलता की कुंजी है।

सफलता हेतु कुछ अन्य आवश्यक तत्त्व

(विशेषतया व्यवसाय के सन्दर्भ में)

आज के इस वर्तमान प्रतिस्पर्द्धात्मक समय में किसी व्यवसाय की सफलता न केवल बहुत-से साधनों की उपलब्धता पर निर्भर करती है, बल्कि बहुत कुछ मानवीय गुणों, चारित्रिक विशेषता, स्वभाव एवं कई मनोवैज्ञानिक कारणों पर भी निर्भर करती है।

पुस्तक के इस अध्याय में हमने कुछ ऐसे ही तत्त्वों का समावेश किया है, जो किसी भी व्यवसाय की सफलता में अहम् भूमिका अदा करते हैं।

व्यवसाय/प्रोजेक्ट की पूर्ण जानकारी

देखा गया है कि कई व्यक्ति लोगों की देखा-देखी, कोई भी व्यवसाय शुरू कर देते हैं, लेकिन वह उस व्यवसाय की आर्थिक उपादेयता (Economic Viability) का सही आकलन नहीं करता है। जो सामान वह बनाने जा रहा है या जो व्यवसाय वह शुरू कर रहा है, उसकी बिक्री की क्या व्यवस्था, कुशल-अकुशल श्रमिकों की उपलब्धता तथा जिस जगह आप व्यवसाय को शुरू कर रहे हैं, उस व्यवसाय में अन्य कितने लोग संलग्न हैं, इस तरह की विस्तृत जानकारी बिना एकत्र करे यदि कोई व्यक्ति व्यवसाय शुरू करता है, तो उस व्यवसाय की सफलता के बारे में कुछ भी कहना सम्भव नहीं है।

यदि किसी क्षेत्र में एक विशेष प्रकार की यूनिट सफल हो गई तो देखा जाता है कि उस क्षेत्र में वैसी ही बहुत सारी यूनिट्स साल-दो साल में लग जाती हैं, जिनमें से एक-दो के अतिरिक्त सभी असफल होकर कुछ वर्षों में बन्द हो जाती हैं। कई बार इस तरह की छोटी-छोटी यूनिट्स के बन्द होने के कारण, एक बड़ी यूनिट का लगना भी होता है, लेकिन आपको इन सब बिन्दुओं पर, यूनिट लगाने से पूर्व विस्तृत रूप से ध्यान देना होगा।

किसी भी क्षेत्र में सफलता के लिए, उस क्षेत्र की जितनी अधिक जानकारी आप जुटा सकेंगे, वह आपके हर निर्णय को सही एवं सटीक बनाने में मददगार होगी।

"A little knowledge is sure to
make your failure."

2 व्यवसाय में संलग्न विभिन्न क्षेत्रों में आपस में समन्वय स्थापित करना

सभी व्यक्ति समान नहीं होते हैं। एक व्यक्ति में कुछ गुण होते हैं तो दूसरे व्यक्ति में अन्य प्रकार के गुण होते हैं। कोई व्यक्ति मार्केटिंग में अच्छी दक्षता रखता है तो दूसरा व्यक्ति प्रशासनिक कार्यों में अच्छी पैठ रखता है, अन्य व्यक्ति संवाद में श्रेष्ठ हैं तथा एक व्यक्ति अकाउण्ट्स में श्रेष्ठता रखता है।

जब हम कोई व्यवसाय/प्रोजेक्ट शुरू करते हैं तो हमें हर क्षेत्र के व्यक्तियों की आवश्यकता पड़ती है। ऐसे कुशल व्यक्तियों की उपलब्धता सुनिश्चित करने के साथ-साथ यह बहुत आवश्यक है कि आप उनमें आपस में अच्छा तालमेल बैठा सकें। आपका हर व्यक्ति से मधुर सम्बन्ध हो।

आपका दायित्व है कि हर व्यक्ति को अच्छा कार्य करने हेतु प्रेरित करना एवं उनसे अधिकतम कार्य कुशलतापूर्वक पूर्ण करवाना।

सफलता के लिए, कार्यों का सही आकलन एवं विभिन्न विभाग के व्यक्तियों में आपस में तालमेल एवं समन्वय स्थापित रखना, बहुत आवश्यक है। ऐसा करने से आप जिस किसी व्यवसाय में भी कदम रख रहे हैं, उसमें आर्थिक उपादेयता (Economic Viability) बढ़ती है एवं व्यवसाय सुचारु रूप से चलता है।

किसी भी व्यवसाय की सफलता के लिए, उस व्यवसाय में संलग्न व्यक्तियों में मधुर सम्बन्ध, आपस में समन्वय, उनमें अच्छे कार्य करने की प्रेरणा प्रदान करता है एवं साथ ही

कार्य के प्रति, उस व्यवसाय के प्रति लगाव, समर्पण बढ़ता है। किसी भी व्यवसाय की सफलता वस्तुतः उस व्यवसाय में संलग्न विभिन्न व्यक्तियों के समग्र प्रयासों का सुपरिणाम है।

> ''सफल व्यक्ति अपनी उपलब्धियों की तुलना, अपने लक्ष्य से करता है, जबकि एक असफल व्यक्ति अपनी उपलब्धियों की तुलना, दूसरों की उपलब्धियों से करता है।''

③ सहकर्मियों के अच्छे कार्यों की प्रशंसा

हर व्यक्ति को अपनी प्रशंसा अच्छी लगती है। कोई आपके स्वभाव की, आपके व्यवहार की, आपके कार्यों की प्रशंसा करता है तो आपको कितना अच्छा लगता है? प्रशंसा से व्यक्ति का आत्मविश्वास बढ़ता है, वह सम्मानित महसूस करता है, वह आपके प्रति अधिक वफादार होता है एवं वह कार्य के प्रति अधिक समर्पित होता है। उसके मन में आपके प्रति अधिक सम्मान का भाव जाग्रत होता है। अधिकांश लोग, स्वयं की तारीफ सुनना तो पसंद करते हैं, लेकिन स्वयं दूसरों की तारीफ करने में बड़े कंजूस होते हैं।

किसी भी व्यवसाय में संलग्न सहकर्मियों का कार्य के प्रति समर्पण होना, उस व्यवसाय की सफलता की अनिवार्य आवश्यकता है। आप मशीन की तरह मनुष्य को बटन दबाकर, कम या ज़्यादा गति से नहीं चला सकते।

उनका दिल से सहयोग प्राप्त करने के लिए, उनके कार्यों की प्रशंसा करना, उनके सुख-दु:ख में काम आना, उनके प्रति विनम्र व्यवहार, उनकी भावनाओं की कद्र करना, ऐसे महत्त्वपूर्ण बिन्दु हैं, जो किसी भी व्यवसाय/व्यक्ति की सफलता में बहुत अहम् भूमिका अदा करते हैं। तारिफ करते समय इस बात का ध्यान रखें कि जिस व्यक्ति की तारीफ की जा रही है उसे ऐसा प्रतीत न हो कि आप उसका मज़ाक बना रहे हो या उसकी झूठी तारीफ कर रहे हो। आप पूरी गम्भीरता से, सच्चे मन से तारीफ करें। यदि कोई ऐसी नीति हो कि व्यक्ति के अच्छे कार्य हेतु कोई पुरस्कार भी दिया जा सके तो इस तरह की नीति को लागू करना भी आपको सफल बनाने में मददगार होगा।

> ''इन्तज़ार करने वालों को सिर्फ
> उतना ही मिलता है, जितना
> कोशिश करने वाले छोड़ देते हैं।''
>
> —अब्दुल कलाम

④ सहकर्मियों के साथ संवाद

प्रशासन का एक नियम यह भी है कि व्यक्ति का अपने सहकर्मियों के साथ संवाद बना रहे। किसी सहकर्मी को, किसी अधीनस्थ कर्मचारी को कोई समस्या हो, कोई कहीं गलती नज़र आए, कोई ऐसी बात दिखाई दे जो व्यवसाय के हितों के विपरीत हो, तो वह उस बात को अपने अधिकारी को तुरन्त बताए एवं हिचकिचाए नहीं। यह बात बहुत महत्त्वपूर्ण है। बोसिज़्म (Bossism) एक बड़े उद्योग में तो सम्भव है या सरकारी उपक्रम में सम्भव है, लेकिन

सहकर्मियों का दिल जीतने के लिए आवश्यक है कि आपका उनसे संवाद बना रहे। आपको अपने सहकर्मियों के दुःख-सुख का पता हो, आप उनकी खुशियों में सम्मिलित हों, उनके दुःख में उनके साथ हों। ये सब, तब ही सम्भव है, जब आपका उनके साथ संवाद (Communication) सही रूप में बना रहे। किसी भी व्यवसाय की सफलता के लिए, संवादहीनता बहुत ही घातक होती है। संवादहीनता से गलतफहमियाँ पैदा होती हैं। व्यक्ति मात्र एक मशीन की तरह कार्य करने लगता है, उसकी व्यवसाय में संलिप्तता (Involvement) नाममात्र की ही रह जाती है, लेकिन यदि उसके साथ संवाद बना रहता है तो वह व्यवसाय की सफलता में, मन से योगदान देने लगता है, वह व्यवसाय में दिल से जुट जाता है।

आप सोचिए यदि किसी व्यवसाय में संलग्न सभी कार्यकर्ता दिल से काम करने लगें तो वह व्यवसाय निश्चित ही 'दिन दूनी रात चौगुनी' उन्नति अवश्य करेगा और शीघ्र ही सफलता के शिखर पर होगा।

''अपने मिशन में कामयाब होने के लिए, आपको अपने लक्ष्य के प्रति एकाग्रचित्त एवं निष्ठावान होना पड़ेगा।''   —अब्दुल कलाम

⑤ कुछ अलग हटकर करने का प्रयास (इनोवेशन)

एक सफल एवं असफल व्यक्ति में एक अन्तर यह भी होता है कि सफल व्यक्ति का कार्य करने का ढंग, कार्य करने का तरीका, असफल व्यक्ति से कुछ अलग, कुछ नवीनता लिए हुए, कुछ मौलिकता लिए हुए होता है।

आज इन्टरनेट का युग है, इनोवेशन का युग है, नए तरीकों का युग है, विज्ञापन का युग है। आज ब्राण्डेड सामान, उसकी लागत से पाँच गुना कीमत पर बेचा जाता है। आज लोगों में किसी चीज़ का क्रेज़ पैदा करने की आवश्यकता है। नूडल्स का विज्ञापन महानायक अमिताभ बच्चन द्वारा कराने पर उसके प्रति जो क्रेज़ पैदा होता है, वह उसकी बिक्री का कारण बनता है। ज़ामाना है कैसे लोग आकर्षित हों, आपके उत्पादन के लिए। हैरी पोर्टर की किताब का क्रेज़ इस तरह से पैदा किया कि लोग लाइनों में कई-कई घंटे खड़े रहकर इन्तज़ार करते हैं?

आज चाट की दुकान का समय नहीं, आज मैकडॉनल्ड एवं हल्दीराम का क्रेज़ है। आज लोग मॉल्स में सामान खरीदना पसंद करते हैं। आज ग्वारपाठा का ज़माना नहीं, बल्कि ऐलोविरा का ज़माना है। हर सौन्दर्य प्रसाधन के सामान में ऐलोविरा का समावेश बताकर कम्पनियाँ कितना धन कमा रही हैं, आप जान सकते हैं। टूथपेस्ट में नमक की अहमियत को बताकर, जो मार्केटिंग की गई है वह कुछ अलग हटकर करने का फण्डा ही तो है।

उक्त सभी बातों का अर्थ है कि कुछ अलग हटकर करने वाले को सफलता मिलती है। अच्छा उत्पाद, सही कीमत एवं कुछ अलग अन्दाज़ में उसकी मार्केटिंग करके देखें या कोई अलग हटकर, उत्पाद तैयार करें, देखें सफलता आपको अवश्य मिलेगी।

''जो सपने देखते हैं और उन्हें पूरा करने की कीमत चुकाने को तैयार रहते हैं, ये ही वो लोग हैं जो सफल होते हैं।''

6 त्वरित निर्णय का महत्त्व

त्वरित निर्णय का अर्थ जल्दबाजी में लिया गया निर्णय नहीं है, लेकिन निर्णय के सन्दर्भ में हर बात की पूरी जानकारी करने के बाद लिया गया निर्णय है। निर्णय में देरी आपके आत्मविश्वास में कमी को दर्शाती है। बिना कारण से निर्णय में देरी का अर्थ होता है आप असफलता के डर से या निर्णय के गलत हो जाने के भय से त्रस्त हैं। एक बात याद रखें, निर्णय गलत भी हो सकता है और सही भी हो सकता है। आप अपनी ओर से, निर्णय के सन्दर्भ में पूरी छान-बीन कर लें और उसके बाद निर्णय लें। उचित समय पर निर्णय नहीं लेने से हर कार्य में देरी होती है, जिससे आपकी लक्ष्य पूर्ति में भी देरी होती है, जिससे कई बार सफलता बहुत दूर चली जा सकती है। अनिर्णय की स्थिति से, व्यवसाय के हर क्षेत्र पर विपरीत असर पड़ता है। आप में लोगों का विश्वास कमज़ोर होता है। लोगों में निराशा का भाव पैदा होता है।

प्रशासनिक शिथिलता-अनिर्णय का एक बड़ा कारण है, जो हर उत्कृष्ट कार्य करने वाले को कहीं-न-कहीं चोट पहुँचाती है, जो अच्छे कर्मचारी हैं वो अनिर्णय की स्थिति से व्यथित होकर, कहीं दूसरी जगह रोज़गार तलाश कर सकते हैं। आपके पास मात्र निकम्मे एवं आपकी तरह ही निष्क्रिय कर्मचारी रह जाते हैं, जो आपको सफलता से इतनी दूर ले जाते हैं कि सफल होना आपके लिए मात्र एक स्वप्न ही हो जाता है।

त्वरित निर्णय से आपकी कार्यक्षमता/योग्यता व्यक्त होती है। आपकी जोखिम उठाने की क्षमता का पता चलता है। कर्मचारियों/अधिकारियों में आपके प्रति सद्भाव एवं सम्मान पैदा होता है। आप निर्णय को अपने सहकर्मियों से विचार-विमर्श करके लें तो निर्णय के गलत हो जाने पर भी वे आपके साथ कन्धे से कन्धा मिलाकर खड़े रहेंगे और आपको कभी भी छोड़कर नहीं जाएँगे। मानव-स्वभाव बड़ा विचित्र है, हर कार्य पैसे के लिए नहीं होता है, आपसी व्यवहार एवं विश्वास का रोल आपकी सफलता में बहुत होता है।

''मेरा विचार है मुझे जो भी सफलता मिली है उसके पीछे जो मेरी सबसे बड़ी विशेषता रही है, वो है कठिन परिश्रम। सचमुच कठिन परिश्रम का कोई विकल्प नहीं है।''
—मारिया बार्टीरोमो

7 धैर्य एवं सफलता

जीवन एक संघर्ष का नाम है। जब हम सफलता की राह पर बढ़ते हैं तो हमें कई परेशानियों का सामना करना पड़ता है। सफलता की राह आसान नहीं है। सफलता प्राप्ति के लिए आपको कितनी ही विषमताओं से रू-ब-रू होना पड़ता है, लेकिन धैर्य बनाए रखें। कहते हैं रात के अवसाद के बाद ही सुबहरूपी आशा प्राप्त होती है।

जीवन में सफलता-असफलता एक सिक्के के दो फलक हैं। दोनों जीवन के अनिवार्य अंग हैं। जिसने असफलता का सामना नहीं किया, जिसने कभी पीड़ा ही नहीं देखी, जिसने जीवन में कभी कड़वाहट ही नहीं देखी, उसे जीवन में सफलता, सुख एवं मिठास के स्वाद का क्या पता? हर पल में आपको धैर्य रखना होगा। कायर बनकर, परेशानियों से घबराकर, सफलता का मार्ग छोड़ने की आवश्यकता नहीं है। जब आपने सफलता के मार्ग पर चलना तय ही कर लिया तो अब पीछे क्यों हटना है? थोड़ा धैर्य रखें, रास्ता स्वयं निकलता है। विपरीत परिस्थितियों में धैर्यपूर्वक, स्वयं पर विश्वास रखकर कार्य करने वाले ही अन्तत: सफलता प्राप्त करते हैं।

8 समय की पाबन्दी एवं अनुशासन

आपका आचरण ऐसा होना चाहिए कि आपके सहकर्मी एवं आपके कार्यालय व्यवसाय में कार्यरत सभी व्यक्ति उस आचरण को जीवन में उतारने का प्रयास करें। इसमें सबसे महत्त्वपूर्ण है कि समय की पाबन्दी एवं अनुशासन का पालन। अधिकांशतया देखा जाता है कि व्यक्ति अपने भाषण

में अनुशासन एवं समय की पाबन्दी पर बड़े-बड़े व्याख्यान देते हैं, लेकिन स्वयं के जीवन में उनका कोई महत्त्व नहीं है। किसी मीटिंग या किसी अन्य कार्यक्रम का तय समय यदि 11 बजे का है, तो वे कभी समय पर उपस्थित नहीं होते हैं। इसी प्रकार व्यवसाय में, ऑफिस में अनुशासन कायम रखने हेतु, कई तरह से निर्देश जारी किए जाते हैं, लेकिन स्वयं उनका पालन नहीं करते हैं। जैसे—कैन्टीन में लंच टाइम में लाइन लगाकर खाना लेने का नियम निर्धारित किया जाता है, लेकिन आप स्वयं लाइन में नहीं लगते हैं। यदि आप स्वयं भी लाइन में लगकर खाना लेने लगे तो सब कुछ स्वयं ही ठीक हो जाएगा।

ऑफिस में व्यर्थ कागज़ (Waste Paper) रद्दी की टोकरी में ही डाला जाए, धीमी आवाज़ में आपस में बात की जाए। इस तरह की चीज़ों की पालना आप स्वयं यदि करेंगे तो सभी सहकर्मी एवं अन्य स्टाफ बहुत खुशी-खुशी इन चीज़ों की पालना करने लग जाएँगे। ये सभी बहुत छोटी-छोटी बातें हैं, लेकिन इनका जीवन में सफलता पाने में बहुत महत्त्व है। अनुशासन एवं समय की पाबन्दी, इन दो गुणों को अपनाने से स्टाफ की 70% समस्याओं का समाधान हो जाता है।

''भगवान, हमारे निर्माता ने हमारे मस्तिष्क और व्यक्तित्व में असीमित शक्तियाँ और क्षमताएँ प्रदान की हैं। ईश्वर की प्रार्थना, हमें इन शक्तियों को विकसित करने में मदद करती है।''

⑨ स्वस्थ एवं जीवन्त जीवन

संघर्ष की राह पर चलने वाला राही यदि जीवन्त नहीं होगा, स्वस्थ नहीं होगा तो वह क्या संघर्ष करेगा? जीवन में आत्मविश्वास के लिए, दृढ़ इच्छाशक्ति के लिए एवं संघर्ष में विजय पताका फहराने के लिए, व्यक्ति का स्वस्थ होना आवश्यक है। सफलता की राह आसान नहीं है। छोटे-मोटे तनाव आते रहते हैं। लाभ-हानि भी एक सामान्य बात है।

यदि आप स्वस्थ नहीं हैं, थोड़े तनाव से बीपी बढ़ जाता है, डिप्रेशन हो जाता है तो आप सही निर्णय कैसे ले सकते हैं? ऐसी स्थिति में सही/गलत कैसे भी निर्णय आप लेने में असक्षम हो जाते हैं। आपको स्वयं को ही अपने खराब स्वास्थ्य के कारण किसी भी बड़े निर्णय लेने में भय बना रहेगा। कई बार खराब स्वास्थ्य के चलते, कोई अच्छा कॉन्ट्रेक्ट भी हाथ से निकल सकता है, बड़ी आर्थिक हानि भी हो सकती है।

आपका व्यक्तित्व ऐसा होना चाहिए कि आपके कर्मचारी, सहकर्मी, आपको अपने बीच पाकर, उत्साहित महसूस करें। आपकी उपस्थिति उनमें ऊर्जा का संचार करे। आपकी उपस्थिति से उन्हें ऐसा महसूस होना चाहिए कि हम किसी आदर्श ऊर्जाशील व्यक्ति के साथ हैं। यह तब ही सम्भव है जब आप स्वस्थ रहें, जीवन्त रहें।

स्वस्थ रहना, कोई बहुत कठिन कार्य भी नहीं है। हमने देखा है कि व्यक्ति 24 घण्टे में 6-7 घण्टे सोता है एवं शेष समय में अपने व्यापार के सम्बन्ध में ही सोचता रहता है। वह घर वालों के साथ भी मधुरता से पेश नहीं आता, अजीब झल्लाहट बनी रहती है।

यह बहुत खराब परिस्थिति है। आप क्यों कमाते हैं? स्वयं के लिए, स्वयं के परिवार के लिए। यदि आप स्वस्थ नहीं रहेंगे तो इस कमाई का क्या करेंगे? प्रतिदिन कम-से-कम एक-डेढ़ घण्टा व्यक्ति को स्वयं के स्वास्थ्य के लिए अवश्य देना चाहिए। इस समय में योग करें, प्राणायाम करें, कुछ व्यायाम करें। यह बहुत लाभकारी है।

आपके व्यक्तिगत जीवन के लिए भी, साथ ही आपके व्यवसाय/कॅरियर के लिए भी। अच्छा स्वास्थ्य आपको ऊर्जावान बनाता है। आपके कार्य करने की गति एवं क्षमता में वृद्धि होती है।

आपके निर्णय लेने की क्षमता एवं योग्यता में उल्लेखनीय वृद्धि होती है। आपमें स्फूर्ति एवं जीवन्तता आती है। सफलता के लिए अच्छा स्वास्थ्य एवं जीवन्त होना, एक महत्त्वपूर्ण आवश्यकता है।

कुछ महत्त्वपूर्ण हासिल करने के लिए निम्न तीन चीज़ों की प्रमुख आवश्यकता होती है

1. कड़ी मेहनत   2. दृढ़ संकल्प
3. सामान्य सूझबूझ
—थॉमस एडीसन

10 विवादों से परहेज़

विवाद, सफलता के मार्ग में आने वाली ऐसी बीमारी है, जिसका जितना इलाज करना चाहो, कई बार अकारण बढ़ जाती है।

विवाद के पचड़े में पड़ने का अर्थ है कि आप जिस रास्ते पर जा रहे हैं उसके अतिरिक्त साइड के गड्ढे में माथा-फोड़ी करते रहना अर्थात् लक्ष्य से च्युत हो जाना। आपकी शक्ति एवं ऊर्जा का लक्ष्य के संधारण की अपेक्षा विवाद में क्षय होना। आप चाहे किसी जॉब में, स्वयं के कारोबार में हैं या किसी प्रोफेशन में हैं, विवाद आपको सफलता की राह से भटकाने का कार्य करता है।

आपका प्रयास होना चाहिए कि ऐसी कोई स्थिति ही न आए कि विवाद हो। अपनी नीति, साफ-सुथरी एवं पारदर्शक हो, किसी का पक्षपात नहीं किया जाए। यदि किसी नौकरी में हों तो नीति संगत कार्य, पूर्ण ईमानदारी एवं निष्ठा से, नियमानुसार पूर्ण करें। अर्थ यह है कि आप अपनी छवि को निष्पक्ष रखें एवं कार्य का सम्पादन पूरी ईमानदारी से करने का प्रयास करें। ऐसा करने से विवाद होने के अवसर नगण्य हो जाते हैं। फिर भी कभी कोई विवाद पैदा हो, तो आप बिना किसी का पक्षपात किए, स्वयं की स्थिति स्पष्ट करते हुए, उसका निरपेक्ष रूप से, न्यायसंगत तरीके से समाधान करने का प्रयास करें। उलझें नहीं, ना मामले को तूल पकड़ने दें। प्रेस से दूर रहें। धैर्यपूर्वक मामले को निपटाएँ।

विवाद होने से सारी ऊर्जा उसमें व्यय होने लगती है एवं कभी-कभी छोटा-सा विवाद बहुत विकराल रूप धारण कर लेता है।

गुड़गाँव में मारुति उद्योग में, श्रमिकों के साथ विवाद ने इतना विकराल रूप धारण कर लिया कि एक-दो लोगों की मौत हो गई, कई दिनों तक हड़ताल रही। प्रबन्धन ने फैक्ट्री को वहाँ से हटाकर कहीं और ले जाने के सन्दर्भ में गम्भीरता से विचार करना शुरू कर दिया। अर्थ यह है कि आपकी कार्यप्रणाली ऐसी होनी चाहिए कि विवादों का जन्म ही न हो एवं यदि कोई विवाद है, तो उसका त्वरित गति से निष्पक्ष रूप से, न्यायसंगत निपटारा करने का प्रयास किया जाए।

"Three sentences for getting success
1. Know more than others
2. Work more than others
3. Expect less than others".
—*William Shakespeare*

11 समय प्रबन्धन एवं सफलता

किसी भी व्यक्ति की सफलता में समय प्रबन्धन (Time Management) की अहम् भूमिका रहती है। वस्तुत: हमें इसे समय प्रबन्धन नहीं कहकर, स्वयं का प्रबन्धन, उपलब्ध समय के सन्दर्भ में कहना अधिक सही होगा। हम समय का कोई प्रबन्धन नहीं करते हैं, अपने कार्यों का, उपलब्ध समय में कैसे समायोजन किया जाए, यह समय प्रबन्धन के अन्तर्गत आता है।

उपलब्ध समय का इस तरह से सर्वोत्तम उपयोग, कम-से-कम ऊर्जा का व्यय हुए, अधिकतम कार्यों का प्राथमिकता के अनुसार सम्पादन करना, समय प्रबन्धन का मूल उद्देश्य है। समय प्रबन्धन के मूल तत्त्व हैं

1. कार्यों की प्राथमिकताएँ निर्धारित करना
2. निम्नतम ऊर्जा व्यय से अधिकतम कार्यों का सम्पादन
3. निम्नतम समय-अधिकतम परिणाम

उक्त तीन बिन्दुओं को ध्यान में रखकर मुख्यतया किसी भी व्यवसाय में समय प्रबन्धन की तकनीक अपनाई जाती है

1. हर व्यवसाय में, या एक व्यक्ति को बहुत सारे कार्यों को पूर्ण करना होता है। यदि उनका वर्गीकरण प्राथमिकता के आधार पर नहीं किया गया, तो जो कार्य 15 दिन बाद होना है, वह आज हो जाएगा एवं जो कार्य आज होना अनिवार्य है, वह 15 दिन बाद होगा। सारा व्यवसाय, सारा कार्य चक्र अस्त-व्यस्त हो जाएगा।

   अत: कार्यों का उनके महत्त्व एवं प्राथमिकता के अनुसार सुव्यवस्थित विभाजन किया जाना आवश्यक है।

2. कार्यों को इस प्रकार से पूरा किया जाए कि कम-से-कम ऊर्जा का व्यय हो। जिन उपकरणों, साधनों की आवश्यकता है, वे आपके आसपास हों एवं उनकी उपलब्धता सुनिश्चित हो। मान लें आप कम्प्यूटर पर कार्य कर रहे हैं, बिजली चली गई, तो इन्वर्टर की उपलब्धता होनी चाहिए। यूपीएस भी लगा होना चाहिए। आप प्रिन्टिंग का कार्य कर रहे हैं, तो कागज़ उपलब्ध होना चाहिए एवं प्रिन्टर आपके आसपास ही लगा होना चाहिए। इस तरह से ऊर्जा का क्षय कम होता है एवं कार्य सुचारु रूप से सम्पन्न होता है।

3. कार्यों के लिए समय-सीमा का निर्धारण भी एक आवश्यक बिन्दु है। बिना समय-सीमा निर्धारण किए, आप किसी व्यक्ति की क्षमता, योग्यता का आकलन नहीं कर सकते। एक स्टैण्डर्ड समय-सीमा का निर्धारण करने पर, कर्मचारी पर उस समय-सीमा में कार्य को पूरा करने की ज़िम्मेदारी बन जाती है। सामान्य अवस्था में वह कार्य उस समय-सीमा में सम्पन्न हो, यह भी समय प्रबन्धन की महती आवश्यकता है।

कहते हैं *"जिसने समय की परवाह नहीं की, समय ने उसकी परवाह नहीं की।"* समय एक ऐसी अमूल्य निधि है, जो यदि व्यर्थ हो जाती है, तो वापस नहीं आ सकती है। हम सब कुछ खरीद सकते हैं, लेकिन व्यर्थ गया समय नहीं खरीद सकते। आज के इस स्पर्द्धा के युग में, व्यक्ति चल नहीं रहे हैं, बल्कि दौड़ लगा रहे हैं। हमें भी इस दौड़ में भाग लेकर, सफलता का परचम फहराना है, तो समय को पकड़ कर रखें। जीवन में समय प्रबन्धन अवश्य करें।

समय प्रबन्धन से कार्य सम्पादन में सुचारुपन आता है, गति आती है। कर्मचारी को अपनी ज़िम्मेदारी का अहसास रहता है। मानसिक तनाव नहीं रहता है। व्यवसाय में त्वरित विकास

होता है, लेकिन अधिकांश व्यक्ति समय प्रबन्धन के महत्त्व को नकारते हैं। वे न केवल व्यक्तिगत जीवन में, बल्कि अपने व्यवसाय में भी समय प्रबन्धन को नहीं अपनाते हैं। व्यवसाय में अस्त-व्यस्तता समय प्रबन्धन की अनदेखी का परिणाम है।

> ''जिस व्यक्ति ने गलती नहीं की,
> उसने कभी नया करने की
> कोशिश नहीं की।''
> —अल्बर्ट आइन्स्टीन

12 याद रखें सफलता का कोई शॉर्टकट नहीं

इस बात को हर व्यक्ति को अच्छी तरह समझ लेना चाहिए कि सफलता का कोई शॉर्टकट नहीं है। चाहे आप छात्र हैं, किसी नौकरी में हैं, स्वयं का व्यवसाय है या एक प्रोफेशनल हैं, आपको दूरगामी सफलता के लिए पूरी ईमानदारी एवं कर्मठता से प्रयास करने होंगे। शॉर्टकट से आप एक बार सफलता हासिल कर सकते हैं, लेकिन जीवन में शॉर्टकट से प्राप्त सफलता कितनी कष्टदायक हो सकती है, इसकी कल्पना आज किया जाना सम्भव नहीं है। कई लोग डुप्लिकेट सामान बनाकर, खराब क्वालिटी का सामान बेचकर या अन्य प्रकार की बेईमानी या धोखाधड़ी करके एक बार खूब पैसा कमा सकते हैं, लेकिन दूरगामी सफलता के लिए इससे गलत बात कुछ भी नहीं हो सकती। आज जो भी प्रोडक्ट्स बाज़ार में उपलब्ध हैं, जो खूब बिकते हैं, उनकी सफलता का कारण, उनकी उच्च क्वालिटी एवं गुणवत्ता है।

आपने किसी डुप्लिकेट सामान बनाने वाले को सफल लोगों की श्रेणी में शामिल होते देखा है क्या?

रिश्वतखोर नौकरी-पेशा व्यक्ति, रिश्वत के माध्यम से जो राशि कमाता है, वह उसके परिवार के विनाश का कारण बनते हुए देखी जा सकती है। बच्चों में पाई जाने वाली चारित्रिक विषमताएँ, आपराधिक प्रवृत्ति, गलत प्रकार से कमाए धन का परिणाम नहीं है, तो क्या है? जीवन में सफलता के लिए कभी शॉर्टकट का सहारा न लें। हो सकता है आपको सफलता मिलने में कुछ समय लग जाए, लेकिन ईमानदारी एवं मेहनत के बल पर प्राप्त सफलता ही वास्तविक सफलता है, जो आपके जीवन में वास्तविक खुशियाँ एवं सम्पन्नता लाएगी।

> "A wise man should restrain his senses like a crane and accomplish his goal with due knowledge of his place, time and ability."
>
> —*Chanakya*

> ''सारस की तरह एक बुद्धिमान व्यक्ति को अपनी इन्द्रियों पर नियन्त्रण रखना चाहिए और अपने लक्ष्य को, स्थान, समय एवं योग्यता की जानकारी के अनुसार अर्जित करना चाहिए।''
>
> —चाणक्य

13 भाग्य-दुर्भाग्य एवं सफलता

हमारे परिवेश में, हमारी सोच में, हर अच्छे-बुरे कार्य के लिए हम अपने भाग्य को ज़िम्मेदार ठहराते हैं। मुख्य रूप से किसी भी खराब कार्य परिणाम के लिए, हम तुरन्त ही दुर्भाग्य को ज़िम्मेदार बनाकर इतिश्री कर देते हैं।

कार्य परिणाम सही क्यों नहीं हुआ? किसी कार्य की असफलता के लिए, क्या-क्या कारक/कारण ज़िम्मेदार रहे? इनका आकलन/जाँच करने की अपेक्षा मात्र अपने भाग्य-दुर्भाग्य को दोष देना, एक फैशन या रिवाज़-सा बन गया है। यह न केवल अनपढ़, कम पढ़े-लिखे लोग करते हैं, बल्कि खूब उच्च पदों पर विराजमान, पढ़े-लिखे लोग भी भाग्य-दुर्भाग्य को हर कार्य के लिए ज़िम्मेदार ठहराते हुए देखे जा सकते हैं।

इस पुस्तक में हमने ऐसे बहुत-से उदाहरण सम्मिलित किए हैं, जिनको प्रकृति ने ही दुर्भाग्यशाली बना दिया। कुछ लोग, जो ऐसी गरीबी में पैदा हुए कि जीवन में प्रगति/खुशहाली की कल्पना करना भी कल्पनातीत था, लेकिन उन्होंने अपने साहस, संकल्प एवं कड़ी मेहनत के बल पर दुर्भाग्य को भाग्य में परिवर्तित कर दिया। जीवन में भाग्य-दुर्भाग्य होता है या नहीं होता है, इस विवाद में पड़ने की आवश्यकता नहीं है। आवश्यकता इस बात की है कि हम भाग्यवादी नहीं बनें, पुरुषार्थ करें। अपनी योग्यता-क्षमता में वृद्धि करें। ईमानदारी से कड़ी मेहनत करें। सकारात्मक सोच सहित पूरे आत्मविश्वास के साथ अपने लक्ष्य को अर्जित करने हेतु जुट जाएँ। सफलता अवश्य आपका वरण करेगी। सफलता पुरुषार्थी की दासी है, भाग्यवादी की नहीं।

"Our achievements speak for themselves. What we have to keep track of are our failures, discouragements and doubts. We tend to forget the past difficulties, the many false starts and the painful groping."

''हमारी उपलब्धियाँ स्वयं बोलती हैं। हमें केवल हमारी असफलताओं, निराशा एवं सन्देहों का ध्यान रखना चाहिए। पिछली परेशानियों, असफल शुरुआतों और कष्टकारी तलाश को भूल जाना हमारी प्रवृत्ति है।''

14 असफलता सहना सीखें, असफलता से सबक लें

सफलता के राही का एक प्रमुख गुण है कि उसे असफलता को सहना आना चाहिए। जीवन के संघर्ष में असफलता मिलना, सफलता मिलने से ज़्यादा सरल है। सफलता का मार्ग, कोई सीधा सरल नहीं, बल्कि ऐसा मार्ग है, जिसमें फिसलन है, कठिनाइयाँ हैं, दूभरता है। इसमें असफलता मिलना एक सामान्य घटना है। आपको असफलता से निराश नहीं होना है। असफलता से सबक लेना है, आत्मनिरीक्षण करना है। असफलता के लिए ज़िम्मेदार कारकों, कारणों का परिमार्जन करते हुए, निरन्तर आगे बढ़ना है।

असफलता वस्तुत: आपको चतुर बनाती है, आपको परिपक्व बनाती है। यह ऐसी दवा है जो कड़वी लगती है, लेकिन आपमें प्रखरता लाती है। कहते हैं सोने में चमक, चोट पड़ने के बाद ही आती है। हीरे का मूल्य उसे खराद पर तराशने के बाद ही पैदा होता है। हर व्यक्ति को जीवन में कभी-न-कभी असफलता मिलती ही है। आपमें असफलता को सहने की शक्ति होनी चाहिए। असफलता को सहजता से लें। कहते हैं जिसने असफलता को सहना सीख लिया, वह सबसे बड़ा साहसी है। उसे सफलता मिलना सुनिश्चित है।

"Once you start a work, don't abandon it in between. People who work sincerely are the happiest."
—*Chanakya*

''जब आप किसी काम की शुरुआत करें, तो असफलता से नहीं डरें और उस काम को बीच में न छोड़ें। जो लोग ईमानदारी से काम करते हैं, वे सबसे अधिक प्रसन्न होते हैं।''
—चाणक्य

प्रेरक-प्रकाश स्तम्भ

सफल व्यक्ति त्यागमय जीवन, दृढ़ संकल्प, लगन एवं निष्ठा आदि गुणों को अपनाते हुए जीवन को सफल बनाकर प्रेरक–प्रकाश स्तम्भ बनते हैं। अपने जीवन में सफलता पाकर वे दूसरों के समक्ष आदर्श प्रस्तुत करते हैं। इन महापुरूषों के मार्ग का अनुसरण करना श्रेयस्कर है।

सफलता को बनाया सार्थक

'प्रेरक-प्रकाश स्तम्भ' 'इनसे सीखें-आगे बढ़ें'

इस अद्भुत पुस्तक के इस खण्ड में हमने कुछ ऐसे विरले लोगों के बारे में संक्षिप्त रूप से जानकारी दी है, जिन्होंने 'सफलता' को सार्थकता प्रदान की। वास्तविक सफलता क्या है, यह हमें बताया। ये ऐसे प्रकाश स्तम्भ हैं, जो सफलता के मार्ग पर चलने वाले हर मुसाफिर के लिए प्रेरणास्रोत हैं, जो न केवल हमें प्रेरणा प्रदान करते हैं, बल्कि हमारा सही रूप से मार्गदर्शन भी करते हैं। इन्हें हमारा शत्-शत् नमन है....

1 कल्याणसुन्दरम् Man of the Millennium

तमिलनाडु निवासी श्री कल्याणसुन्दरम् एक समाज सेवक हैं, जो गरीब, असहाय एवं अनाथों के लिए कार्य करते हैं। उन्होंने अपनी पेंशन भी इस पुनीत कार्य हेतु दान कर दी है। पिछले 45 से भी अधिक वर्षों से वह इस सेवा कार्य को बहुत श्रद्धा एवं मन से सम्पन्न कर रहे हैं। Man of the Millennium श्री कल्याणसुन्दरम् ने तीस वर्ष लाइब्रेरियन

की नौकरी की एवं इन वर्षों में प्राप्त वेतन को उन्होंने गरीबों एवं जरूरतमन्दों पर व्यय किया। अपनी जरूरतों की आपूर्ति हेतु वे होटल में सर्वर का कार्य करते। उन्होंने अपनी सारी पेंशन राशि भी गरीब एवं असहायों की सेवा हेतु दान कर दी।

कल्याणसुन्दरम् विश्व में ऐसे एक ही व्यक्ति हैं, जिन्होंने अपनी समस्त अर्जित पूँजी, दीन-दुःखियों की सेवा हेतु दान की है। उनकी सेवा को मान्यता प्रदान करते हुए, अमेरिका की एक संस्था ने उन्हें Man of the Millennium के अवार्ड से नवाजा है, जिसके लिए उन्हें ₹ 30 करोड़ प्राप्त हुए, वे भी उन्होंने गरीबों की सेवा हेतु दान कर दिए।

कल्याणसुन्दरम् आज तक अविवाहित हैं एवं उन्होंने अपना सारा जीवन, सारी पूँजी, समाज की सेवा में समर्पित की है। तमिल फिल्मों के सुपर स्टार रजनीकान्त ने कल्याणसुन्दरम् को पिता की तरह गोद (Adopted as Father) लिया है।

कल्याणसुन्दरम् लाइब्रेरी साइन्स में गोल्ड मेडलिस्ट हैं। विश्व के प्रथम दस ख्याति प्राप्त लाइब्रेरियन में उनका शुमार होता है। भारत सरकार ने उन्हें The Best Librarian in India का खिताब प्रदान किया है। United Nations ने उन्हें Outstanding People of the 20th Century के खिताब से नवाजा है। जीवन में पूर्णतया सरलता एवं सहजता की प्रतिमूर्ति कल्याणसुन्दरम् पर हर भारतवासी को गर्व है, हमारा उन्हें नमन है, वन्दन है।

2 मात्र एक वर्ष का जीवन, लिखे 70 नॉवल्स

एन्थोनी बरगीस (Anthony Burgess) जब 40 वर्ष के थे, तो उन्हें पता चला कि उन्हें ब्रेन ट्यूमर है एवं डॉक्टर्स के अनुसार उनका जीवन मात्र एक वर्ष का शेष है। बरगीस को बड़ा झटका लगा, वे एक बार तो टूट ही गए।

उनके पास उनकी पत्नी के लिए छोड़ने योग्य कोई राशि या सम्पत्ति भी नहीं थी, लेकिन उन्होंने हिम्मत नहीं हारी। वे कोई प्रोफेशनल नॉवलिस्ट नहीं थे। उन्हें और कुछ कार्य भी समझ में नहीं आया। उन्होंने रात-दिन एक कर दिया और एक वर्ष के अन्तराल में पाँच नॉवल तो पूरे कर दिए एवं एक नॉवल आधा तैयार था, लेकिन बरगीस की मृत्यु नहीं हुई, कैंसर ठीक हो गया और एन्थोनी बरगीस ने 70 नॉवल अपने जीवनकाल में लिखे।

हमारे मध्य, बरगीस जैसे कितने ही लोग हैं जिन्हें अपने अन्दर छुपे हुए टैलेन्ट का ज्ञान नहीं है और थोड़ी-सी समस्या आने पर वे घबरा जाते हैं। एन्थोनी बरगीस उन लोगों के लिए प्रेरणा का स्रोत हैं, जिसे मृत्यु का भी भय नहीं लगा और अपनी पत्नी के लिए रॉयल्टी का प्रबन्ध करने हेतु, ऐसा कुछ कर दिखाया, जिसकी कल्पना उन्होंने स्वयं ने भी नहीं की थी।

3 सुमंगली सेवा आश्रम–लगन एवं कर्मठता का प्रतिफल

वर्ष 1975 में श्रीमती सुशीलाम्मा एवं श्रीमती एम कान्ताम्मा द्वारा बैंगलोर में मात्र 4 गुणा 4 मीटर के कमरे में मात्र ₹15 की पूँजी से शुरू किया ऐसा आश्रम है, जिसमें अपने ही परिवारों द्वारा प्रताड़ित, परित्यक्त अनाथ महिलाएँ, वृद्ध एवं असहाय महिलाएँ, छोटी-छोटी अनाथ बच्चियों को आसरा मिलता है। शुरू में मात्र तीन जरूरतमन्द बच्चों को प्रश्रय देने से शुरू हुआ यह आश्रम श्रीमती सुशीलाम्मा एवं श्रीमती कान्ताम्मा की निष्ठा, लगन एवं कर्मठता का प्रतिफल है।

आज इस आश्रम की अपनी इमारत है, एक छात्रावास है, 500 विद्यार्थियों के लिए स्कूल है, एक भोजनशाला एवं एक प्रार्थना गृह, एक एकड़ की ज़मीन पर फैले हुए हैं। इस आश्रम की टीम हर कार्य पूरी विनम्रता, पूर्ण समर्पण के साथ करती है।

सुशीलाम्मा को सब स्नेह एवं आदर से अम्मा कहकर बुलाते हैं। अम्मा इस आश्रम के निवासियों में आत्मनिर्भरता की भावना विकसित करने, उसमें वृद्धि करने एवं उन्हें सशक्त बनाने के लिए अनथक कार्य करती हैं। सभी राजनैतिक एवं धार्मिक संलिप्तता से दूर, सभी प्रलोभनों से स्वतन्त्र रहते हुए, निःस्वार्थ, बिन लाभ के, यह मिशन सर्वाधिक उपेक्षित एवं दयनीय वर्ग, जिनमें अनाथ, विधवा, बेघर महिलाएँ, शारीरिक रूप से चुनौती ग्रस्त लोग एवं असहाय वृद्ध शामिल हैं, उनके लिए यह आश्रम स्वर्ग से कम नहीं है। धन्य है श्रीमती सुशीलाम्मा एवं श्रीमती कान्ताम्मा। धन्य है आपकी सोच, निष्ठा एवं कर्मठता!!

Letters tell us something important

"I"-*Avoid It.*	The Most Selfish 1 Letter
"WE"-*Use It.*	Most Satisfactory 2 Letters
"EGO"-*Kill It.*	Most Poisonous 3 Letters
"LOVE"-*Value It.*	Most Used 4 Letters
"SMILE'-*Keep It.*	Most Pleasing 5 Letters
"RUMOUR"-*Ignore It.*	Fastest Spreading 6 Letters
"SUCCESS"-*Achieve It.*	Hard Working 7 Letters
"JEALOUSY"-*Distance It.*	Most Enviable 8 Letters
"PRINCIPLE"- *Own It.*	Most Essential 9 Letters
"FRIENDSHIP"-*Have It.*	Most Divine 10 Letters

4   दृष्टिहीन हेलेन केलेर–एक प्रेरक व्यक्तित्व

हेलेन का जन्म 27 जून, 1890 को अमेरिका के अलबामा के एक ग्रामीण कस्बे में हुआ था। 19 माह की उम्र में गम्भीर बीमारी के कारण हेलेन की सुनने एवं देखने की शक्ति चली गई। दोहरी विकलांगता के बावजूद केलेर ने दुनिया को न केवल नई दिशा दी, बल्कि उन्होंने विश्व के विकलांग लोगों को सम्मान देना सिखाया। 20वीं शताब्दी में राजनीतिक, सामाजिक एवं सांस्कृतिक आन्दोलनों में अहम् भूमिका अदा की।

अपने जीवन काल में 39 देशों की यात्रा की। दृष्टिहीनों एवं बधिरों के लिए उनके द्वारा किए गए कार्यों के लिए उन्हें विश्व के कई विश्वविद्यालयों द्वारा सम्मानित किया गया। वर्ष 1904 में हेलेन रैडक्लिफ कॉलेज से स्नातक की डिग्री हासिल करने वाली विश्व की प्रथम बधिर एवं दृष्टिहीन स्नातक बनीं।

वर्ष 1924 में उन्होंने अमेरिका फाउण्डेशन फॉर ब्लाइण्ड्स के लिए कार्य करना शुरू किया एवं 44 वर्ष तक काम किया तथा विकलांगों के अधिकारों के लिए संघर्ष किया। वर्ष 1964 में अमेरिकी राष्ट्रपति जॉनसन द्वारा उन्हें अमेरिका के सर्वोच्च नागरिक सम्मान प्रेसीडेण्ट मेडल ऑफ फ्रीडम से नवाज़ा गया।

वैसे तो दुनिया के इतिहास में विकलांगता के बावजूद अध्ययन, लेखन, रचनाशीलता के अन्य क्षेत्रों में अद्भुत उपलब्धियाँ हासिल करने वाले महान् लोगों के कई उदाहरण हैं। उन्हीं में से एक हेलेन केलेर की उपलब्धियाँ निश्चित रूप से असाधारण हैं। उनका कहना था कि ''दृष्टिहीनों की प्रगति में मुख्य बाधा, उनकी दृष्टिहीनता नहीं, बल्कि दृष्टिहीनों के प्रति समाज की नकारात्मक सोच है।''

5 हादसे को अभिशाप से वरदान में बदला —सुधाचन्द्रन ने

वर्ष 1964 में तमिल परिवार में जन्मी सुधाचन्द्रन ने तीन वर्ष की उम्र से ही नृत्य की ट्रेनिंग शुरू कर दी थी। पाँच वर्ष की उम्र में उसके पिता उसे मुम्बई कला सदन में प्रवेश हेतु ले गए, लेकिन 'कला सदन' ने इतनी छोटी उम्र की लड़की को प्रवेश देने से मना कर दिया, लेकिन सुधा के पिता के इस आग्रह पर कि पहले सुधा का नृत्य देख लें फिर प्रिंसिपल महोदय फैसला करें, प्रिंसिपल महोदय ने जब सुधा का नृत्य देखा तो उसकी अद्भुत नृत्य कला से बहुत प्रभावित हुए और उसे प्रवेश दे दिया गया। आठ वर्ष की उम्र में सुधा ने स्टेज पर पहली बार नृत्य पेश किया। सत्रह वर्ष की उम्र में उसने 75 स्टेज शो (Stage Show) प्रस्तुत किए।

2 मई, 1981 को सुधा अपने माता-पिता के साथ तिरुचि मन्दिर जा रही थी कि रास्ते में उनकी बस दुर्घटनाग्रस्त हो गई। बस की ट्रक से टक्कर हो गई और उनकी दाईं टाँग फँस गई। बहुत प्रयास से उसे

निकालकर अस्पताल पहुँचाया गया। वहाँ डॉक्टर्स की गलती से उनकी टाँग में गेंगरिन (Gangrene) हो गया और उनका जीवन बचाने के लिए उनकी दाईं टाँग को काट दिया गया।

सुधा के लिए यह वज्रपात था, उनकी टाँग, घुटने के ऊपर 7.5 इंच पर काट दी गई। सुधा के लिए यह भयानक झटका था, लेकिन उन्होंने हिम्मत नहीं हारी। लकड़ी के सहारे चलने का प्रयास करने लगी। उनके पिता ने उन्हें बहुत सम्बल दिया।

लगभग 6 माह बाद उसने एक पत्रिका में जयपुर के डॉ. सेठी के जयपुर फुट के बारे में पढ़ा। उनके पिता डॉ. सेठी के पास ले गए। डॉ. सेठी ने सुधा के पैर की जाँच की और कहा कि जयपुर फुट की सहायता से वह आराम से चल-फिर सकेगी।

सुधा ने पूछा कि क्या वह नृत्य भी कर सकेगी, तो डॉ. सेठी का कहना था कि Yes, Why Not? जब जयपुर फुट को लगाकर व्यक्ति खेतों में कार्य कर सकता है, तो आप भी नृत्य कर सकती हो। डॉ. सेठी, सुधा की इच्छाशक्ति से बहुत प्रभावित हुए। उन्होंने पूरी दक्षता से, सुधा के लिए जयपुर फुट बनाकर दिया।

अब सुधा की जयपुर फुट के साथ नृत्य प्रैक्टिस शुरू हो गई। यह उसके संघर्ष की शुरुआत थी। यह उसके संकल्प, निष्ठा, लगन एवं इच्छाशक्ति का इम्तिहान था और सुधा अपनी कड़ी मेहनत, संघर्ष करने की इच्छाशक्ति, जीतने के संकल्प के साथ, इस इम्तिहान में पास हुई, बहुत शानदार अंकों के साथ। 'नाचे मयूरी' फिल्म में उसका नृत्य देखकर लोग मन्त्रमुग्ध रह गए। कोई कह नहीं सकता था, किसी को

विश्वास ही नहीं हुआ कि यह लड़की सुधा ऐसी लड़की है, जिसका एक पैर कृत्रिम है। सुधाचन्द्रन को नृत्य के क्षेत्र में कई अवार्ड मिल चुके हैं, जिनमें 'नृत्य मयूरी' एवं 'नव ज्योति' प्रमुख हैं।

धन्य है सुधाचन्द्रन, धन्य है उनकी संकल्प शक्ति, साहस एवं विपरीत परिस्थितियों को अपने अनुकूल बनाने की क्षमता।

सुधाचन्द्रन ने अभिशाप को वरदान में बदल दिया।

6 असफलता के बाद सफलता.....
—स्टीवन स्पिलबर्ग

स्टीवन स्पिलबर्ग (Steven Spielberg) ऑस्कर विजेता, स्टार वार सीरियल के निर्देशक स्पिलबर्ग का नाम आज विश्व के सफलतम व्यक्तियों में शुमार है। स्पिलबर्ग को कैलिफोर्निया साउथर्न यूनिवर्सिटी थियेटर स्कूल ने लगातार तीन बार एडमिशन देने से इनकार कर दिया था।

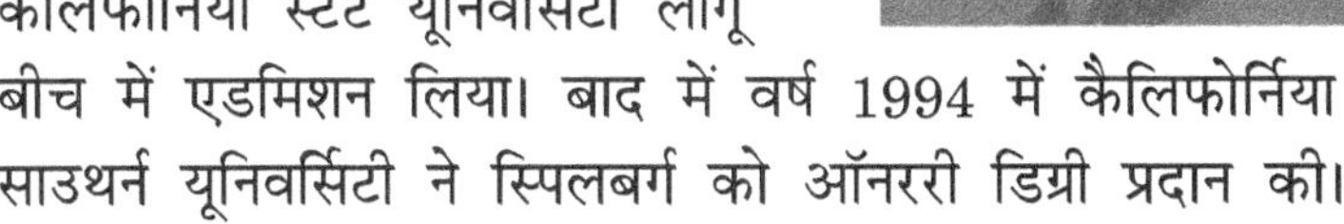

कैलिफोर्निया यूनिवर्सिटी उनकी ड्रीम यूनिवर्सिटी थी। बाद में उन्होंने कैलिफोर्निया स्टेट यूनिवर्सिटी लागू बीच में एडमिशन लिया। बाद में वर्ष 1994 में कैलिफोर्निया साउथर्न यूनिवर्सिटी ने स्पिलबर्ग को ऑनररी डिग्री प्रदान की।

7 चार्ली चैपलिन—फर्श से अर्श तक

विश्वप्रसिद्ध कॉमेडियन चार्ली चैपलिन को आज कौन नहीं जानता। 75 वर्षों तक एक्टिंग की दुनिया में रहकर, लोगों के जीवन में हास्य के माध्यम से खुशियाँ बिखेरने वाले चैपलिन का स्वयं का बचपन बहुत गरीबी एवं मुसीबतों में गुजरा। 16 अप्रैल, 1889 को लन्दन में जन्मे चैपलिन के पिता चार्ल्स चैपलिन सीनियर एवं माता हन्नाह चैपलिन दोनों ही स्टेज एक्टर थे। 1891 ई. में दोनों माता-पिता अलग रहने लगे।

बचपन माता के साथ बीता। उसकी माता भी एक स्टेज एक्टर थी, कोई अच्छी आय नहीं थी। पिता द्वारा उन्हें कोई आर्थिक सहायता नहीं दी जाती थी। स्थिति इतनी खराब हो गई कि चार्ली चैपलिन को सात वर्ष की उम्र में वर्क हाउस में भेजा गया। कौंसिल ने चैपलिन को अनाथों के स्कूल में भेज दिया। नौ वर्ष की उम्र में चैपलिन को पुनः अपनी माता के पास भेजा गया। 1898 ई. में हन्नाह को पागलखाने में भर्ती किया गया। चार्ली ने पाँच वर्ष की उम्र से ही स्टेज पर जाना शुरू कर दिया था।

नौ वर्ष की उम्र में वह थियेटर में जाने लगा। उसका करियर 1899 ई. में शुरू हुआ जब उसने इंग्लिश म्यूजिक हॉल्स का टूर किया। उस समय चार्ली को ग्रुप में डांस हेतु रखा गया था, लेकिन चार्ली इससे सन्तुष्ट नहीं था।

वर्ष 1903 में चार्ली की हास्य प्रतिभा को कुछ मान्यता मिली, लोगों ने सराहना की। वर्ष

1907-08 में चार्ली एक स्टार एक्टर बन गया। लोगों ने उसे खूब प्यार एवं प्रशंसा दी। इसके बाद, चार्ली ने फिल्मों में भी काम किया एवं निर्देशन का भी कार्य किया।

26 वर्ष की उम्र में चैपलिन, दुनिया में सबसे ज़्यादा वेतन लेने वाला एक्टर बन गया। चार्ली ने कई फिल्मों का भी निर्माण किया। वर्ष 1975 में रानी विक्टोरिया ने उसे नाइट (Knight) की उपाधि से नवाज़ा। 25 दिसम्बर, 1977 को चार्ली चैपलिन ने इस दुनिया को अलविदा कहा। महान् कॉमेडियन चार्ली ने जीवन में कभी हार नहीं मानी तथा अपनी लगन एवं मेहनत के बल पर दुनिया में सफलता की बुलन्दियों को छुआ।

8 एशिया की पहली महिला ट्रेन ड्राइवर – सुरेखा यादव

महाराष्ट्र के सतारा जिले में एक किसान परिवार में जन्मी सुरेखा यादव एक गरीब परिवार से है। गरीबी के बावजूद जब पिता ने उसकी इच्छानुसार उसे इंजीनियरिंग में प्रवेश दिलाया, तो अधिकांश लोगों ने उस पर उंगली उठाई एवं उसे हताश करने का तरह-तरह से प्रयास किया। कम ही लोग थे जो उसे प्रोत्साहित करते थे।

सुरेखा का कहना है कि उसने तय किया कि उसे इन सब बातों पर ध्यान नहीं देना है एवं पूरा ध्यान पढ़ाई पर लगाना है। सुरेखा वर्ष 1994 में भारतीय रेल से जुड़ने के बाद वर्ष

1996 में कल्याण से बोरीबन्दर मालगाड़ी चलाकर, पूरे एशिया में प्रथम महिला रेल ड्राइवर बनी एवं लोगों के इस मिथक को तोड़ दिया कि महिला रेलगाड़ी नहीं चला सकती।

सुरेखा का कहना है कि दुनिया में ऐसा कोई काम नहीं, जो सिर्फ या तो महिला ही कर सकती हैं या पुरुष ही कर सकते हैं। पुरुषों एवं महिलाओं में लगभग समान क्षमता होती है। बस यह उनको सोचना होता है कि वे क्या काम करना चाहते/चाहती हैं। वर्ष 2010 में सुरेखा घाट ड्राइवर बन गई। सुरेखा अपने जीवन में इस बात को बहुत महत्त्व देती है कि महिलाओं के लिए कोई भी कार्यक्षेत्र वर्जित नहीं है।

वर्तमान में सुरेखा मुम्बई स्थित ट्रेनिंग स्कूल में ट्रेनों के ड्राइवरों को ट्रेनिंग दे रही है। सुरेखा यादव को वुमेन अचीवर्स अवार्ड 2011, एसबीआई प्लेटिनम जुबली ईयर अवार्ड एवं अन्य कई अवार्ड मिल चुके हैं। सुरेखा यादव ने लीक से हटकर ऐसा कार्य किया, जिसने न केवल उसका स्वयं का, बल्कि भारत देश का नाम दुनिया में रोशन किया है।

9 कार्गो लोडर से कम्पनी के चीफ एक्जीक्यूटिव–सुधीर नैयर

सुधीर नैयर की कहानी एक ऐसी शख्सियत की कहानी है, जिसने अपनी लगन, दृढ़ संकल्प एवं कड़ी मेहनत के बल पर हर परिस्थिति में संघर्षरत रहकर सफलता प्राप्त की है। Eresource Infotech के CEO मि. सुधीर नैयर का जन्म निम्न मध्यमवर्गीय परिवार में हुआ। 16 वर्ष की उम्र में पिता का देहान्त हो जाने पर, परिवार के पालन–पोषण करने की अहम् जिम्मेदारी को निभाने के लिए, 'सहर कार्गो कॉम्प्लेक्स' में 'लोडर' की नौकरी से जीवन का संघर्ष प्रारम्भ किया, लेकिन जीवन में हार नहीं मानने की दृढ़ता, प्रगति

करने की इच्छाशक्ति के बल पर, सुधीर नैयर आज एक कम्पनी के CEO हैं। सुधीर नैयर ने टाइपिंग सीखी, कम्प्यूटर की शिक्षा ग्रहण की, सॉफ्टवेयर के कोड्स बनाना सीखा।

सुधीर नैयर का कहना है कि जब सहर कार्गो कॉम्प्लेक्स में किसी ने मुझे Bill of Lading को टाइप करने हेतु कहा, तो यह मेरे लिए एक अवसर था, आगे बढ़ने के लिए। मैंने टाइप सीखी, बस.... फिर तो आगे बढ़ता ही गया।

सुधीर के प्रेरणास्रोत रहे डॉ. अब्दुल कलाम ने भी तो अपनी जंग की शुरुआत एक न्यूजपेपर ब्वॉय (Newspaper Boy) की तरह की थी, कहना है सुधीर नैयर का। सुधीर नैयर ने कम्प्यूटर की कोई औपचारिक शिक्षा नहीं ली, न उन्हें कोई तकनीकी ज्ञान था। घण्टों कम्प्यूटर प्रोग्राम पढ़ते रहते, अभ्यास करते रहते थे।

सुधीर ने स्वयं की लगन, मेहनत एवं दोस्तों के मार्गदर्शन से प्रोग्रामिंग सीखी। इसके लिए उन्होंने बहुत कड़ी मेहनत की। 15 वर्ष दुबई की कम्पनी में सॉफ्टवेयर प्रोफेशनल की तरह कार्य किया। यहाँ उन्होंने सॉफ्टवेयर डवलपर की तरह जॉइन किया था एवं जब उन्होंने छोड़ा, तो सीनियर एन्टरप्राइज मैनेजर के महत्त्वपूर्ण पद पर थे।

यह 400 मिलियन डॉलर की प्रतिष्ठित कम्पनी थी। उसके बाद वर्ष 2006 में सुधीर ने Eresource Infotech प्रारम्भ की। आज उनकी कम्पनी में 100 से अधिक कर्मचारी कार्यरत हैं। वर्ष 2008 में सुधीर को उद्योगरत्न अवार्ड एवं वर्ष 2009 में Business Leadership अवार्ड मिल चुके हैं।

सुधीर नैयर, सफलता के मार्ग पर चलने वालों के लिए ऐसे प्रकाश पुंज हैं, जो किसी भी परिस्थिति में हमेशा सकारात्मक सोच रखने एवं कड़ी मेहनत एवं लगन से सब कुछ सम्भव है, को साबित करते हैं।

Easy V/S Difficult	—	Difficult to occupy the heart of somebody.
Easy to judge the errors our of others	—	Difficult to recognise own errors.
Easy to hurt those whom we love	—	Difficult to heal those wounds.
Easy to forgive others.	—	Difficult to ask for forgiveness.
Easy to exhibit victory	—	Difficult to assume defeat with dignity.
Easy to dream every night	—	Difficult to fight for a dream.
Easy to pray every night	—	Difficult to find God in the smallest of things.
Easy to dream every night	—	Difficult to find God in the smallest of things.
Easy to say we love	—	Difficult to demonstrate it everyday.
Easy to criticise everybody	—	Difficult to better perfect ourselves.

10 धैर्य एवं लगातार प्रयास से सब कुछ है सम्भव–अरुण नारासनी

अरुण नारासनी की सफलता की गाथा, शून्य से सौ तक पहुँचने की गाथा है। विपरीत परिस्थितियों में भी आगे बढ़ने की इच्छाशक्ति एवं दृढ़ संकल्प के बूते अरुण नारासनी ने वह कर दिखाया, जिसकी साधारण व्यक्ति कभी कल्पना भी नहीं कर सकता। नारासनी का जन्म आन्ध्र प्रदेश के गुण्टूर के पास एक गाँव में हुआ था।

उनके पिता एक कलाकार (Artist) थे। वे फिल्म उद्योग में कुछ कर दिखाने की लालसा लिए, चेन्नई सपरिवार चले गए। वहाँ एक कम्पनी में असिस्टेंट डायरेक्टर की हैसियत से काम करने लगे। नारासनी उस समय बहुत छोटे थे। नारासनी के पिता वहाँ सफल नहीं हुए और अपनी सारी पूँजी गँवाकर, वापस गुण्टूर पहुँच गए। नारासनी ने चेन्नई में सातवीं तक पढ़ाई की।

परिवार की आर्थिक स्थिति बहुत खराब हो गई। उनके पिता ने घर के सारे बर्तन एवं जमीन को नारासनी एवं उनके भाई की शिक्षा की जरूरतों को पूरा करने हेतु बेच दिया। उनके पिता ने नारासनी के भाई को एक स्कूल में पढ़ने भेज दिया, जिससे वे कुछ बन सकें।

घर की हालत बदतर होती जा रही थी। उनके पिता ने, अपनी पत्नी की सोने की चैन बेचकर प्राप्त रुपयों से एक वीडियो स्टोर खोला, जिसमें मात्र 70 वीडियो कैसेट्स थीं। नारासनी अपने बचपन को याद करते हुए बताते हैं कि सारे समय वह कैसेट वापस लाने एवं पहुँचाने हेतु दौड़-भाग करते रहते थे। यह कार्य परिवार ने तीन वर्ष तक किया।

नारासनी उस समय आठवीं कक्षा में पढ़ रहे थे। फिर उनके पिता ने एक बेकरी खोली, जिसमें लगभग ₹ 300 प्रतिदिन की आय होने लगी। नारासनी जब नवीं कक्षा में थे, तो वे अपने मित्रों को मजे करते हुए, अच्छे-अच्छे कपड़े पहने हुए देखते। उनसे नारासनी को पढ़ने की प्रेरणा मिलती थी।

उन्होंने कठिन मेहनत से पढ़ाई शुरू की और CBSE बोर्ड में 74% अंक प्राप्त किए, जो उनकी परिस्थितियों के हिसाब से वैसे भी कम नहीं थे।

उन्होंने अपने पिता से, स्वयं को किसी अच्छे स्कूल में प्रवेश दिलाने हेतु कहा, वह JEE की परीक्षा देना चाहते थे। उनके पिता ने येन-केन प्रकारेण, उन्हें 12वीं कक्षा में एक अच्छे स्कूल में प्रवेश दिला दिया।

उन्होंने अपने पिता से कहा कि मैं अब दुकान पर नहीं बैठूँगा और कुछ करके दिखाऊँगा। उनके भाई ने भी उनका मजाक बनाया, नारासनी याद करते हुए बताते हैं। वास्तव में जब वह उस स्कूल में गए तो पाया कि वह अन्य बच्चों से बहुत पिछड़े हुए हैं। पढ़ाई में अपनी कमजोरी दूर करने के लिए नारासनी ने 8वीं से 12वीं तक की सभी किताबों को पुन: पढ़ा, पढ़ने में रात-दिन एक कर दिया और JEE की परीक्षा पास की एवं IIT मद्रास में उनको प्रवेश मिला।

IIT के बाद नारासनी ने कई कम्पनियों में काम किया। उसके बाद IIM बैंगलोर से MBA किया। आज नारासनी Brain League नामक कम्पनी के CEO हैं एवं उनकी कम्पनी बहुत शानदार कार्य कर रही है। नारासनी का कहना है कि अपनी इच्छाओं की पूर्ति हेतु व्यक्ति को कड़ी मेहनत करनी चाहिए। जो व्यक्ति धैर्य एवं लगन से कार्य करता है उसे वह सब कुछ मिलता है, जिसकी वह चाह रखता है।

कर्मठ व्यक्ति को सफलता अवश्य मिलती है।

11 गोदरेज लाउड (Godrej Loud)
विजेता गोपी रेड्डी की प्रेरणास्पद कहानी

गोपी रेड्डी आन्ध्र प्रदेश के गाँव रावुलापेन्टा के सरकारी स्कूल में पढ़ता था। उसके माता-पिता गरीब थे। उसके दूर के रिश्ते में अंकल उसे अपने साथ सेकण्डरी क्लास की

पढ़ाई हेतु हैदराबाद ले गए। उसकी शिक्षा का सारा व्यय उन्हीं अंकल ने वहन किया। उसे श्री साईं पब्लिक स्कूल हैदराबाद में प्रवेश दिला दिया। किसी तरह गोपी रेड्डी ने इस स्कूल से बिना किसी प्राइवेट कोचिंग के, MBA तक का सफर तय किया। उसके स्वयं के शब्दों में ..... मुझे अंकल जी ने जहाँ ICSE का सिलेबस चलता था। दो-तीन सप्ताह की पढ़ाई में ही मुझे पता लग गया कि यदि यहाँ सफल होना है, तो मुझे बहुत ही अधिक मेहनत करनी पड़ेगी, क्योंकि मेरी अंग्रेजी बहुत कमजोर थी, अन्य छात्र फटाफट

अंग्रेजी में बात करते थे। मैं बहुत हैरान, परेशान हो जाता था। यह स्कूल हमारे गाँव के स्कूल से बहुत बड़ा लगभग पाँच गुना बड़ा स्कूल था। मेरी क्लास के अधिकांश बच्चे अच्छे परिवार से थे और उनकी अंग्रेजी भाषा पर अच्छी पकड़ थी। मुझे आपस में बात करने में भी बहुत समस्या आती थी। मैं प्राइवेट कोचिंग लेने में भी असमर्थ था। पहले के कुछ सेमेस्टर में, मेरे अन्य विषयों में तो अच्छे अंक आए, लेकिन अंग्रेजी के विषय में मैं पिछड़ रहा था। कुछ अध्यापकों ने मेरी सहायता की। अंग्रेजी के अध्यापक ने मुझे अलग से क्लास दी और अंग्रेजी लिखने एवं बोलने में सुधार के लिए मुझे सही मार्गदर्शन दिया। बिना कोचिंग के, स्वयं ही पढ़ना और ऐसे छात्रों से कम्पीटिशन करना, जो आपसे अधिक स्रोत वाले हैं, बहुत कठिन काम था। 10वीं कक्षा तक मुझे बहुत ही अधिक संघर्ष करना पड़ा, लेकिन मैंने हार नहीं मानी। मैं स्कूल टीचर्स से सहायता लेता और मन लगाकर मेहनत करता।

मैंने 10वीं कक्षा में 93% अंक प्राप्त किए एवं मैं स्कूल में प्रथम टॉपर बना। उन्हीं दिनों मेरी माताजी का देहान्त हो गया, तो मेरी खुशी काफूर हो गई। उसके बाद मैंने साइंस ली और कक्षा 12 में 89.3% अंक प्राप्त किए।

मुझे 4 वर्ष की स्कॉलरशिप मिली और मैंने इंजीनियरिंग की पढ़ाई पास की। ग्रेजुएशन के बाद मैंने Infosys में नौकरी की और इसी समय मुझे Godrej Loud से 1.5 लाख का प्राइज मिला। इस राशि को गोपी रेड्डी अपने गाँव के दो बच्चों की शिक्षा पर व्यय करना चाहता है। आजकल गोपी देहली के सर्वश्रेष्ठ कॉलेज Faculty of Management Studies से MBA कर रहा है। गोपी अपने अंकल का

कृतज्ञ है। यदि वह उसे हैदराबाद नहीं ले जाते तो वह आज इस मुकाम पर नहीं पहुँचता। गोपी रेड्डी का कहना है कि कैसी भी परिस्थितियाँ हों, कभी हार नहीं मानो, कड़ी मेहनत करो, जीवन में आगे बढ़ने के अवसर आपको अवश्य मिलेंगे। यदि आप वास्तविक रूप से मेहनत करते हो, आपकी नीयत साफ है, तो आपको सफलता अवश्य मिलेगी।

12 लैम्प पोस्ट में पढ़ाई से अमेरिकी कम्पनी के CEO का सफर

जीवन कितना संघर्षमय, कितना कठिन हो सकता है यह इस कहानी से पता चलेगा। कल्याण रमन श्रीनिवासन का जन्म एवं लालन-पालन तमिलनाडु के तिरुनेलवेली जिले के छोटे-से गाँव मनाराकोइल में एक मध्यम श्रेणी के साधारण परिवार में हुआ। उसके पिता तहसीलदार थे, सब कुछ ठीक चल रहा था कि अचानक उसके पिता का देहान्त हो गया। उस समय कल्याण रमन की उम्र 15 वर्ष थी। उसकी माता को मात्र ₹ 420 पेंशन (पिता की फैमिली पेंशन) मिलने लगी। ₹ 420 में चार बच्चों एवं स्वयं माताजी का गुजारा कैसे चलता होगा, सोचा जा सकता है। पिता की असामयिक मृत्यु के बाद, घर के हालात बहुत बदतर हो गए थे। किराए का मकान छोड़कर बिना बिजली एवं पानी के कनेक्शन की एक झोंपड़ी में परिवार को रहना पड़ा। गाँव की लैम्प पोस्ट की लाइट में बच्चे पढ़ाई करते थे। उस समय एम. जी. रामचन्द्रन तमिलनाडु के मुख्यमन्त्री होते थे।

कल्याण रमन के शब्दों में, हम अपने लिए चावल खाने की व्यवस्था करने के लिए दिन में प्लेट्स बेचते थे। हमारी माताजी चावल हमें हाथों में देती थीं। इतनी खराब स्थिति थी हमारी। माताजी आठवीं कक्षा पास थीं। वह हमारी पढ़ाई के सम्बन्ध में बहुत चिन्तित रहती थीं। किसी रिश्तेदार ने हमारे बड़े भाई को पिता की ऐवज में मिलने वाली एक छोटी-सी सरकारी नौकरी करने का सुझाव दिया, लेकिन हमारी माताजी ने उसे स्वीकार नहीं किया। हमारी माताजी पढ़ाई पूरी कराने हेतु संकल्पित थीं। कल्याण रमन अपने बचपन को याद करते हुए बताता है कि वह अपनी माताजी को यह कहता था कि एक दिन आपको इतने रुपये दूँगा कि आप गिन भी नहीं पाओगी और यह बात कल्याण रमन ने सत्य कर दिखाई। जैसे-तैसे, 12वीं पास करने के बाद रमन ने अन्ना यूनिवर्सिटी चेन्नई से इन्जीनियरिंग में प्रवेश लिया। रमन को मेरिट स्कॉलरशिप मिलनी शुरू हो गई लेकिन स्कॉलरशिप की राशि बहुत देर से मिलती थी।

मेस में नियम था कि यदि आप मेस के पैसे जमा नहीं करा सकते तो आप मेस में खाना नहीं खा सकते। मेस की फीस ₹ 250 प्रतिमाह थी। कल्याण रमन अपने दोस्तों के खाने से या व्रत करके अपना जीवन चला रहा था कई बार तो दो-दो समय भूखा सोना पड़ता था। पैसे की इतनी तंगी थी कि अन्तिम सेमेस्टर से पहले वह 1.5 दिन से भूखा था और परीक्षा के बाद बेहोश हो गया। दूसरे दिन उसकी सारी स्कॉलरशिप राशि ₹ 5000 का चेक मिला। वह यह राशि लेकर अमीर की तरह घर गया, जिससे कुछ ऋण का भुगतान किया।

कल्याण रमन ने प्रथम नौकरी TCE (Tata Consulting Engineers) मुम्बई में शुरू की। सुबह दादर रेलवे स्टेशन के बाथरूम में नहाकर जब वह ऑफिस पहुँचा तो मैनेजर ने उसे टोका कि हवाई चप्पल पहनकर आप कल ऑफिस नहीं आओगे। कल्याण रमन ने कहा कि ऐसा सम्भव नहीं है, तो मैनेजर नाराज हो गया, लेकिन जब रमन ने बताया कि जब तक उसे वेतन नहीं मिलेगा तब तक वह आर्थिक कारणों से ऐसा करने में असमर्थ है। यह जानकर मैनेजर ने उसे एक माह का वेतन एडवांस दे दिया तथा उसका रहने का प्रबन्ध अपने किसी परिचित के यहाँ कराया। उस प्रथम वेतन में से ₹ 1500 दूसरे दिन रमन ने अपनी माँ के पास भेज दिए।

जल्दी ही रमन को बम्बई से बैंगलोर भेज दिया गया और फिर वह TCS (Tata Consultancy Services) चेन्नई पहुँच गया। वहाँ से UK Edinburgh. Ucops Edunburgh से USA वर्ष 1992 में उसने USA में एक कॉण्ट्रेक्टर की तरह वॉलमार्ट में जॉइन किया। दो वर्ष के अन्दर-अन्दर रमन एक डिवीजन का डायरेक्टर बन गया। जब 6 वर्ष बाद उसने वॉलमार्ट छोड़ा, तो रमन अन्तर्राष्ट्रीय ख्याति प्राप्त वॉलमार्ट के इन्फॉर्मेशन सिस्टम का इन्चार्ज था। वर्ष 1998 में रमन ने ड्रगस्टोर डॉट कॉम जॉइन किया और वर्ष 2001 में इसी कम्पनी का CEO बन गया। अभी रमन ने अपने गाँव के एक मन्दिर के अभिषेक के लिए डेढ़ करोड़ रुपये का दान किया है। उसने अपने गाँव के आस-पास के सभी अनाथ बच्चों को भी गोद लिया है। कोई भी बच्चा यदि आर्थिक स्थिति के कारण पढ़ने में असमर्थ है, तो उसके लिए कल्याण रमन के दरवाजे हमेशा खुले हैं।

कल्याण रमन का कहना है कि मैं समाज को थोड़ा-बहुत ही दे पा रहा हूँ, लेकिन मुझे समाज से बहुत कुछ मिला है। वह अपनी माताजी एवं ईश्वर को अपनी सफलता के लिए पूरा श्रेय देता है।

धन्य है कल्याण रमन एवं धन्य हैं उसकी माता!!

13 ₹ 25000 से 100 करोड़ तक का सफर.....

यह कहानी एक ऐसे व्यक्ति की कहानी है, जो कुछ अलग हटकर करने की इच्छाशक्ति के साथ, मात्र ₹ 25000 से एक व्यापार की शुरुआत कर, शीघ्र ही ₹ 100 करोड़ के टर्नओवर तक पहुँचता है। यह प्रेरणास्रोत है उन लोगों के लिए जो कुछ अलग हटकर करने से घबराते हैं।

वर्तमान स्पर्द्धात्मक युग में Innovation आपकी सफलता में अहम् भूमिका निभा सकता है। यह 60 वर्षीय मि. दिलीप कपूर की सत्य कहानी है, जो लैदर बैग्स (Leather Bags) बनाने में आज अन्तर्राष्ट्रीय स्तर पर ख्यातिप्राप्त नाम है। दिलीप कपूर के पिता का जूता बनाने का कारखाना दिल्ली में था, जिसे बेचकर वे परिवार सहित पाण्डिचेरी अरविन्द आश्रम में आकर बस गए।

उस समय दिलीप की उम्र मात्र 4-5 वर्ष की थी। 15 वर्ष की उम्र में वह पढ़ाई के लिए अमेरिका चले गए। वहाँ उन्होंने अन्तर्राष्ट्रीय मामलों में Ph.D. की और वहाँ बसने की अपेक्षा अपने देश वापस आ गए।

यहाँ आकर उन्होंने शौकिया तौर पर एक लैदर बैग (Leather Bag) बनाया, जिसे उनके मित्र ने ₹ 300 में खरीद लिया। बस दिलीप ने लैदर बैग बनाने का व्यवसाय शुरू करने का निर्णय लिया और शुरू में ₹ 25000 से यह व्यवसाय शुरू किया। वर्ष 1978 में शुरू इस कम्पनी का नाम रखा Hide Sign। इस कम्पनी ने पर्यावरण का ध्यान रखते हुए, चमड़े को साफ करने हेतु किसी भी केमिकल का उपयोग न करके, वनस्पतियों से साफ करने का निश्चय किया। एक मोची मुरूगयन को नियुक्त किया, जो बाद में अपने भतीजे मनी को भी वहाँ ले आया। तीसरी कर्मचारी थी 16 वर्षीय 'प्रमिला'। प्रमिला एवं मनी ने शादी कर ली और आज तक वे दोनों इस कम्पनी में कार्यरत हैं।

आज कम्पनी का टर्नओवर ₹ 100 करोड़ से ऊपर है, देश में 62 शोरूम हैं। 23 देशों में माल निर्यात किया जाता है। लगभग 2000 कर्मचारी कार्य करते हैं।

वर्ष 1992 में Hide Sign के बैग को Accessory of the Year Award से नवाज़ा गया है।

''कहते हैं कि यदि कोई व्यक्ति पूरी गम्भीरता से, पूर्ण लगन एवं निष्ठा से कोई कार्य प्रारम्भ करता है, तो उसे सफलता अवश्य मिलती है''

14 पीनट प्रिन्स–सिमरन पाल सिंह (अमृतसर)
Peanut Prince–Simran Pal Singh from Amritsar

अमृतसर में जन्मे सिमरन पाल सिंह ने गुरुनानक देव यूनिवर्सिटी से बीएससी (ऑनर्स) कृषि में करने के बाद IRMA आनन्द से रूरल मैनेजमेण्ट में मास्टर्स की उपाधि अर्जित की। अर्जेण्टीना जाने से पूर्व वह मोजाम्बिक एवं घाना में नौकरी करते थे। सिमरन पाल का स्पेनिश भाषा पर अच्छा नियन्त्रण है।

वर्ष 2005 में सिमरन पाल, उनकी आर्किटेक्ट पत्नी हरप्रीत कौर एवं अपने दो बच्चों के साथ अपनी कम्पनी Olam, जिसका वार्षिक टर्नओवर 5.6 बिलियन डॉलर्स का है, के लिए Peanuts खरीदने हेतु अर्जेण्टीना गए। आज सिमरन पाल सिंह को अर्जेण्टीना का Peanut Prince कहा जाता है।

वह 12000 हेक्टेयर में Peanuts का उत्पादन करते हैं एवं 500 हेक्टेयर में सोया एवं कोर्न का उत्पादन करते हैं। 140 कर्मचारी उनके यहाँ कार्यरत हैं। भारत के अर्जेण्टीना में उपायुक्त मि. रंगराजन विश्वनाथन द्वारा उन्हें सफलता का रोल मॉडल कहा गया है।

आज अर्जेण्टीना में वे जहाँ भी जाते हैं, लोग उनके पीछे भागते हैं। वे शानदार लाल पगड़ी पहनकर निकलते हैं, तो लोग उनका दीवानों की तरह पीछा करते हैं।

15 14 वर्षीय सुहास गोपीनाथ—विश्व का सबसे कम उम्र का CEO

जिस उम्र में आज के युवा फिल्म देखने, फेसबुक पर चैटिंग एवं वाट्सअप पर मैसेज भेजने में व्यस्त रहते हैं, उस उम्र में सुहास गोपीनाथ ने अपनी एक कम्पनी Globals Inc. बंगलुरु के एक साइबर कैफे में बैठकर बनाई। उसे

नहीं पता था कि वह विश्व का सबसे कम उम्र का CEO बनने जा रहा है। आज उसकी कम्पनी का टर्नओवर कई लाख डॉलर्स में है एवं उसका ऑफिस, अमेरिका, भारत, कनाडा, ऑस्ट्रेलिया, सिंगापुर एवं मिडिल ईस्ट में है। 100 कर्मचारी भारत में एवं 56 कर्मचारी विदेशों में कार्यरत हैं। वर्ष 2007 में उसे Young Achiever Award, 2005 और कर्नाटक सरकार द्वारा राज्योत्सव अवार्ड के अतिरिक्त बहुत सारे अवार्ड मिल चुके हैं। सबसे प्रमुख सम्मान नवम्बर, 2008 में उसे वर्ल्ड बैंक की ICT Advisory Council Board के सदस्य के रूप में नामित करना रहा।

सुहास का जन्म 4 नवम्बर, 1986 को बंगलुरु के एक मध्यम परिवार में हुआ। मध्यमवर्गीय परिवार में सामान्यतया इस उम्र में बच्चों को कोई भी कार्य या व्यवसाय करने से मना किया जाता है, उसे प्रोत्साहित नहीं किया जाता है, लेकिन सुहास ने इन सब परेशानियों से हटकर अपनी राह बनाई। वह शुरू से ही बहुत मेधावी था एवं हमेशा कुछ-न-कुछ नया करना, करते रहने में ही लगा रहता था।

सुहास गोपीनाथ, उन टीनएजर्स के लिए, शानदार प्रेरणा का पुंज है, जो इस उम्र को अनावश्यक कार्यों में बर्बाद करते हैं एवं समय को व्यर्थ करते हैं। आशा है आज के युवा, सुहास गोपीनाथ से प्रेरणा लेकर कुछ शानदार सकारात्मक कार्य कर पाने में सफल होंगे।

धन्य है सुहास गोपीनाथ!!

16 डॉ. ए.पी.जे. अब्दुल कलाम : सफलता के पर्याय

भारत रत्न डॉ. ए. पी. जे. अब्दुल कलाम, जो हमारे देश के राष्ट्रपति भी रह चुके हैं, मूल रूप से एक विश्वविख्यात वैज्ञानिक हैं। भारत को अन्तरिक्ष में पहुँचाने एवं हमारे देश को मिसाइल क्षमता प्रदान करने का श्रेय डॉ. कलाम को ही जाता है। उनके द्वारा सफलतापूर्वक विकसित मिसाइल 'अग्नि' एवं 'पृथ्वी' ने राष्ट्र को सुरक्षा एवं सुदृढ़ता प्रदान की है। अविवाहित डॉ. कलाम का जीवन सफलता  का पर्याय है। सफलता हेतु लिखित किसी भी पुस्तक में यदि डॉ. कलाम का नाम न हो, तो किताब एक अपूर्ण किताब ही मानी जाएगी।

बहुआयामी व्यक्तित्व के धनी डॉ. कलाम, एक बहुत ही सरल शख्सियत, मधुरवाणी, सादगीपूर्ण जीवन जीने वाले ऐसे मानव थे, जिनको शब्दों में परिभाषित करना सम्भव नहीं है।

15 अक्टूबर, 1931 को तमिलनाडु के रामेश्वरम कस्बे में एक मध्यमवर्गीय परिवार में जन्मे डॉ. कलाम को ईमानदारी, आत्मानुशासन एवं ईश्वर में विश्वास अपने माता-पिता से विरासत में मिला जिसे उन्होंने पूरे जीवनभर अपने साथ रखा।

वर्ष 1958 में ₹ 250 के मूल वेतन पर वरिष्ठ वैज्ञानिक सहायक के पद से जीवन शुरू करने वाले डॉ. कलाम ने जीवन को बहुत सादगी एवं ईमानदारी से गुजारा था एवं देश के सर्वोच्च पद 'राष्ट्रपति' पर रहते हुए भी अपनी सरलता एवं सादगी का साथ नहीं छोड़ा। ऐसे महामानव को हमारा शत्-शत् नमन है। *डॉ. कलाम ने जीवन में सफलता पाने के लिए निम्न सात सूत्र बताए*

1. जिज्ञासा
2. ज्ञान
3. लगन
4. मेहनत
5. जानकारी
6. संकल्पशक्ति
7. विचार मन्थन

उल्लेखनीय है कि ये सूत्र, स्वयं महामहिम द्वारा अपने जीवन में अपनाए गए तथा उन्होंने सफलता की अप्रतिम बुलन्दियों को छुआ।

''परेशानियों से भागना आसान होता है
हर मुश्किल ज़िन्दगी में एक इम्तिहान होता है
हिम्मत हारने वालों को कुछ नहीं मिलता
ज़िन्दगी में, मुश्किलों से टकराने वालों के
कदमों में ही तो जहान होता है।''

सफलता के लिए
नकारात्मक गुणों से बचाव

दुनिया में सभी व्यक्ति सफल होना चाहते हैं। कई बार सफलता की राह पर चलते हुए उन्हें बाधाओं का सामना करना पड़ता है। यह सभी जानते हैं कि नकारात्मक लोग एवं झूठे प्रशंसक सफलता में बाधक होते हैं। इसीलिए अहंकार, क्रोध, ईर्ष्या, हीन भावना, चिन्ता, काम वासना, निराशा, आलस्य, धोखा एवं बेइमानी आदि दुर्गुणों को अपने से दूर रखकर हमें सफलता की ओर कदम बढ़ाने चाहिए।

सफलता की राह की बाधाएँ : इनसे बचें.......

1 नकारात्मक लोग

हमने बार-बार लिखा है कि सफलता की राह सरल नहीं है, उसमें कई प्रकार की बाधाएँ आती हैं। आपको जीवन में बहुत-से नकारात्मक लोग मिलेंगे। ये लोग ऐसे लोग हैं, जिन्होंने स्वयं जीवन में कोई ठोस कार्य नहीं किया एवं जब दूसरे लोग कुछ करना चाहते हैं, तो कई प्रकार के उदाहरण देकर, आपको आगे बढ़ने से रोकते हैं। निराशा की बातें करते हैं, असफलता का डर दिखाते हैं एवं आपको अपने मार्ग से हटाकर कुछ अन्य करने को प्रेरित करते हैं। ऐसे लोग आपके आसपास आपके मित्र बने हुए, आपके रिश्तेदार, पड़ोस में मिल जाएँगे।

वे स्वयं कर्महीन होते हैं, औसत से भी निम्न स्तर की सोच एवं जीवन-स्तर होता है, लेकिन आपके सगे बनकर आपको अपने लक्ष्य से दूर करने का कुत्सित प्रयास करते हैं। ऐसे लोगों से हर हाल में बचें। प्रयास करें कि आप उनके अधिक

सम्पर्क में नहीं आएँ। जब भी वे कोई नकारात्मक बात करें, कोई सुझाव दें, तो उसी समय उन्हें रोक दें या कोई-न-कोई कारण बताकर वहाँ से उठ जाएँ। नकारात्मक बातों का व्यक्ति की इच्छाशक्ति एवं आत्मविश्वास पर, बहुत बुरा प्रभाव पड़ता है।

आप किसी भी व्यवसाय में, नौकरी में हों या किसी अन्य प्रोफेशन में, ऐसे लोगों का उद्देश्य आपको लक्ष्य से हटाकर किसी अन्य झमेले में उलझाना है। गलत बात कहकर, किसी अन्य की बुराई करके, कोई अन्य इस प्रकार की बात करके, आपको उकसाना, किसी के साथ उलझाना, इनका तरीका होता है। जब इनका कोई काम अटका होता है, तो ये बहुत मीठे होते हैं अन्यथा इनकी प्रवृत्ति दुष्ट लोगों जैसी होती है। ऐसे लोगों से उलझना भी नहीं चाहिए, बल्कि उनकी इस तरह से उपेक्षा करें कि बुरा भी न लगे।

मार्शल आर्ट का एक नियम है कि जब कोई हम पर हमला करे, तो उसे रोकने की बजाय दूर हट जाएँ। रोकने में जो ऊर्जा व्यय होती है, उसे सकारात्मक कार्यों में लक्ष्य संधारण में, सफलता अर्जित करने में करें।

> ''ऐसे बहुत से लोग होते हैं, जो आपकी रुचि को तो नकारते हैं और उल्टे-सीधे सुझाव देकर, आपको मार्गच्युत् करना चाहते हैं। ये ऐसे लोग हैं, जिन्होंने स्वयं के जीवन में कुछ नहीं किया और वे दूसरों को भी कुछ करते देखना नहीं चाहते।''

२ झूठे प्रशंसक

हर व्यक्ति को अपनी प्रशंसा प्रिय लगती है। प्रत्येक व्यक्ति चाहता है कि उसकी प्रशंसा हो, लोग उसके कार्यों की प्रशंसा करें, लेकिन यदि यह प्रशंसा सत्य नहीं है, झूठी है तो यह बहुत खतरनाक है। झूठी प्रशंसा करने वाले लोग, आपके वास्तविक मित्र नहीं हैं, बल्कि वे ऐसे लोग हैं, जो या तो आपसे गलत लाभ उठाना चाहते हैं या वो आपके नजदीक आकर, अन्य की नज़रों में स्वयं को श्रेष्ठ साबित करना चाहते हैं।

बहुत से लोग इस झूठी प्रशंसा करने में, चापलूसी करने में बहुत माहिर होते हैं। वे व्यक्ति की इस कमज़ोरी को कि प्रशंसा सबको प्रिय है, जानते हैं और वही बात बोलते हैं, जो आपको पसन्द है। झूठी प्रशंसा एक ऐसा विष है, जो आपकी प्रतिभा का दुश्मन है। झूठी प्रशंसा पसन्द करने वाला व्यक्ति, कुछ ऐसे चापलूसों के चंगुल में फँस जाता है कि वह अच्छे कार्यकर्ताओं, अच्छे मित्रों, वास्तविक वफादार लोगों से धीरे-धीरे दूर होता जाता है और ऐसे चापलूसों से घिरा रहता है, जो आपका नहीं, बल्कि स्वयं का हित ही देखते हैं। वे बातें तो ऐसी मधुर व मीठी करते हैं कि आप प्रसन्न रहते हैं, अन्दर से वे लोग आपके हित में कभी नहीं सोचते। वे आपको सही मार्ग से पथ भ्रष्ट कर सकते हैं। आपको धोखा दे सकते हैं, आपको कोई भी आर्थिक व सामाजिक नुकसान पहुँचा सकते हैं।

ऐसे लोगों से हर हालत में बचना चाहिए। ऐसे लोग आपकी वास्तविक सफलता में आने वाली बहुत बड़ी बाधा स्वरूप होते हैं।

ऐसे लोगों से सावधान रहें। इसके लिए आप निम्न तरीके अपना सकते हैं—जब भी कोई आपकी प्रशंसा करे, तो आप उस कार्य के लिए अपने सहकर्मियों को ज़िम्मेदार बनाकर, वह प्रशंसा उनके नाम कर दें। साथ ही कुछ ऐसे मित्र भी अपने साथ जोड़ें, जो सही को सही एवं गलत को गलत कहें। ऐसे मित्रों को पूरा समर्थन प्रदान करें। आप चैतन्य रहें, जागरूक रहें। ऐसे लोगों पर, जो झूठे प्रशंसक हैं, कड़ी निगरानी रखें। देखें कि कहीं ये लोग कोई चालाकी या चतुराई करके, कोई नुकसान तो नहीं पहुँचा रहे हैं।

जीवन में अवसरों का आवागमन होता ही रहता है। आपके दरवाजे पर अवसरों की दस्तक सुनाई देती रहती है। जरूरी है कि आप उचित अवसर को पहचानें एवं उसे पकड़कर, लाभ उठाएँ। इसके लिए आवश्यक है कि आप दूरदर्शिता से काम लें, चैतन्य अवस्था में रहें।

3 अहंकार

अहंकार व्यक्ति का एक ऐसा दुर्गुण है, जो उसे प्रगति की अपेक्षा अवसान के मार्ग पर ले जाता है। व्यक्तिगत जीवन का सुख-चैन, अहंकार के कारण समाप्त हो जाता है। अहंकार से दूसरे व्यक्ति तो बाद में प्रभावित होते हैं, सबसे पहले वह स्वयं इससे दुष्प्रभावित होकर, सामाजिक, आर्थिक, राजनैतिक एवं आध्यात्मिक क्षेत्र में पिछड़ जाता है। अहंकारी व्यक्ति को लोग पसन्द नहीं करते।

अहंकार व्यक्ति के सोचने एवं कर्म करने की क्षमता पर प्रभाव डालता है। अहंकारी व्यक्ति की सोच नकारात्मक होती है। वह स्वयं को बहुत बुद्धिमान समझता है। दूसरों की बातें सुनना एवं उन पर ध्यान देना तक उचित नहीं समझता

है। जिस व्यवसाय या कार्यालय में वह काम करता है, वहाँ लोग उससे दूर रहना ही पसन्द करते हैं। अहंकार एक ऐसा दुर्गुण है, जो आपके व्यक्तित्व को नकारात्मक रूप से प्रभावित करता है। अहंकार के कारण अन्य कई दुर्गुण; जैसे—क्रोध, ईर्ष्या और बदले की भावना आपके व्यक्तित्व में प्रवेश कर जाते हैं। स्वयं की काबिलियत पर गर्व करना, आत्मविश्वासी होना एक बहुत अच्छी बात है, लेकिन आप दूसरों की शख्सियत को अपनी काबिलियत के कारण नकारते हैं, तो यह आपका अहंकार है।

अहंकार आपकी सफलता की राह में ऐसी बाधा है, जो शनै:–शनै: आपको अवसान के गर्त में गिराती है।

एक बेहतरीन इन्सान अपनी जुबान से ही पहचाना जाता है, वरना अच्छी बातें तो दीवारों पर भी लिखी होती हैं।

4 निर्णय में विलम्ब एवं टालूपन

बहुत से व्यक्ति, जब भी कोई निर्णय लेना हो, किसी नए कार्य को प्रारम्भ करना हो, तो बहुत विलम्ब करते हैं, टालते रहते हैं, आज-कल, आज-कल करके समय पास करते जाते हैं। ऐसे व्यक्ति निर्णय लेने से घबराते हैं, इनमें आत्मविश्वास की बहुत कमी पाई जाती है। ऐसे लोग हमेशा, दूसरों द्वारा निर्णय लिए जाएँ, ऐसा प्रयास करते हैं। जब आप किसी अन्य के यहाँ नौकरी कर रहे हैं या किसी सरकारी नौकरी में हैं, तो ऐसा चल जाता है, क्योंकि आपका व्यक्तिगत नुकसान नहीं हो रहा है, लेकिन यदि आपका स्वयं का कोई व्यवसाय है या आप कोई प्रोफेशनल हैं, तो विलम्ब करना या टालूपन की आदत आपकी सफलता के मार्ग की सबसे बड़ी बाधा है।

निर्णय लेने में देरी या किसी कार्य को टालना, इसके कई कारण हो सकते हैं

1. आपको समझ नहीं आ रहा कि समस्या क्या है, इसलिए आप उस पर किसी अन्य से या अपने सहकर्मी या बॉस से चर्चा नहीं करके, अपनी कमजोरी को छुपाते हुए, बस निर्णय को टालते हैं या विलम्ब करते हैं।

2. आपको भय है कि कहीं निर्णय गलत न हो जाए। इस भय के कारण आप निर्णय लेने से कतराते हैं।

3. आप किसी को परेशान करने के कारण कोई निर्णय नहीं लेना चाहते हैं।

ध्यान रखें निर्णय में विलम्ब करना, किसी भी कार्य को टालना, आपकी सफलता के मार्ग को अवरुद्ध करता है। यह आपके व्यक्तित्व को भी प्रभावित करता है। जो व्यक्ति जीवन में सफल होना चाहता है, उसे इस आदत को बदलना आवश्यक है। गलती होने के डर से निर्णय नहीं लेने से अच्छा है निर्णय लें एवं गलती हो जाए, तो उसका निराकरण करें। गलती से आप बहुत कुछ सीखते हैं। गलती करने से आपके अनुभवों को जो परिपक्वता मिलती है, वह आपकी सफलता का मार्ग प्रशस्त करती है।

इसी प्रकार यदि आप किसी निर्णय के सम्बन्ध में नहीं समझ रहे हैं, तो उस पर अपने सहकर्मियों से, अपने उच्चाधिकारियों से विचार करें, उनकी राय लें एवं फिर निर्णय करें, लेकिन इस कारण निर्णय में विलम्ब अनुचित होगा। वस्तुत: टालूपन एवं विलम्ब, न केवल आपके व्यक्तित्व विकास में बाधा है, बल्कि सफलता के मार्ग की बड़ी अड़चनें हैं।

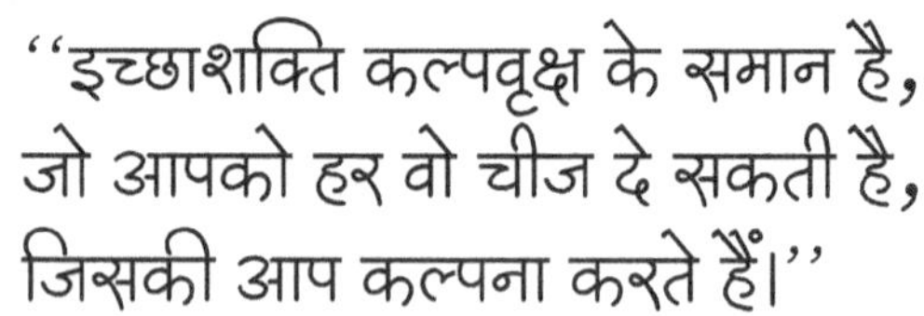

5 क्रोध

क्रोध व्यक्ति का ऐसा दुर्गुण है, जो कब विकराल रूप धारण कर ले, पता नहीं चलता और पल भर का क्रोध आपके भविष्य को बर्बाद कर सकता है। क्रोध वस्तुत: एक नकारात्मक एवं तनावपूर्ण स्थिति में एक ऐसी मानसिक संवेगात्मक प्रतिक्रिया है, जो कई बार अनियन्त्रित होने पर, न केवल किसी व्यक्ति को, बल्कि किसी भी परिवार, समाज या राष्ट्र को बर्बादी के कगार पर पहुँचा सकती है।

क्रोध में व्यक्ति अपने वास्तविक रूप को खो देता है और ऐसा कृत्य कर देता है, जिसका कोई भी पछतावा उसे वापस नहीं कर सकता। क्रोध की अवस्था में मनुष्य हिंसात्मक और आक्रामक हो जाता है। बुद्धि और विवेक उस समय असक्षम हो जाते हैं। व्यक्ति को पता नहीं होता कि वह क्या कर रहा है। क्रोध का आवेश न केवल उस व्यक्ति को नुकसान पहुँचाता है जिस पर क्रोध आया है, बल्कि क्रोध करने वाले व्यक्ति पर भी इसका भयानक दुष्प्रभाव पड़ सकता है।

क्रोध से सिरदर्द, मानसिक असन्तुलन, ब्लडप्रेशर एवं हार्ट अटैक जैसी अनेक बीमारियाँ जन्म ले सकती हैं। सफलता की आकांक्षा रखने वाले व्यक्ति को क्रोध पर नियन्त्रण रखने की अहम् आवश्यकता होती है। मानव के व्यक्तित्व का यह दुर्गुण, आपकी सारी अभिलाषाओं को एक पल में धूल में मिला सकता है। अच्छे-भले सुचारु रूप से चलते हुए व्यवसाय में क्रोध की एक चिंगारी, कुछ भी करा सकती है। बड़े-बड़े प्रतिष्ठानों में हड़ताल, तालाबन्दी, मार-पीट तथा अच्छे प्रबन्धकों का त्यागपत्र जैसी घटनाएँ अधिकांशतया 'क्रोध' का ही दुष्परिणाम हैं।

क्रोध आने के बहुत से कारण हो सकते हैं; जैसे— व्यक्तिगत, सामाजिक, राजनैतिक, आर्थिक या स्वास्थ्य की समस्याएं, लेकिन क्रोध का परिणाम विपदाएँ, कठिनाइयाँ और परेशानियों को ही जन्म देता है।

सफलता के मार्ग पर चलने वाले हर व्यक्ति को क्रोध को नियन्त्रण में रखने की कला आनी ही चाहिए। क्रोध आने पर कोई भी निर्णय नहीं करें। धैर्य रखें, संयम से काम लें। वहाँ से उठकर चल दें। पानी पिएँ। थोड़ा घूम लें, ईश्वर का नाम लें। कैसे भी, अपना ध्यान उस परिस्थिति से हटाकर नॉर्मल होने का प्रयास करें। थोड़ी देर रेस्ट किया जा सकता है, जो भी क्रिया आपको ठीक लगे, वह करें, लेकिन क्रोध पर नियन्त्रण बहुत अहम् है।

तामसिक खाना, एल्कोहॉल का प्रयोग, धूम्रपान का प्रयोग, तम्बाकू का प्रयोग करने वालों को बहुत क्रोध आता है, जबकि जो व्यक्ति सात्विक खाना खाता है, फल, सलाद, इत्यादि का अधिक सेवन करता है, कोलेस्ट्रॉल को सन्तुलन में रखता है, वह क्रोध को नियन्त्रण में रखने में सफल होता है एवं यह तथ्य है कि जो व्यक्ति प्रतिदिन योग, प्राणायाम करता है उसे बहुत कम क्रोध आता है। अत: कुछ समय योग, प्राणायाम हेतु देने का प्रयास करें, सफलता मिलेगी।

''क्रोध विष है, क्षमा अमृत है
कुटिलता विष है, सरलता अमृत है
कपट विष है, सच्चाई अमृत है
विषय-भोग विष है, त्याग संयम अमृत है।''

6 ईर्ष्या

ईर्ष्या प्रत्येक व्यक्ति में पाई पाने वाली ऐसी मानसिक वृत्ति है, जो किसी अन्य व्यक्ति को प्रगति करते हुए, सफल होते हुए, ऐश करते हुए देखकर मन में पैदा होती है। यह व्यक्ति के मन की भावनात्मक दुर्बलता या कमजोरी है, जो थोड़ी-बहुत हर व्यक्ति में पाई जाती है। प्रत्येक व्यक्ति स्वयं को ही सबसे श्रेष्ठ प्रदर्शित करना चाहता है, इसके लिए वह प्रयास भी करता है, लेकिन जब वह अन्य किसी साथी, सहकर्मी, पड़ोसी, नातेदार-रिश्तेदार को स्वयं से अधिक प्रगति में, मौज-मस्ती में, सफल होते हुए देखता है, तो मन में जो विकृत भाव उठते हैं वह ईर्ष्या-द्वेष है।

ईर्ष्यालु व्यक्ति की मानसिक वृत्ति ऐसी होती है कि वह किसी अन्य को सुखी, सम्पन्न, प्रगति करते हुए देखकर, उससे प्रेरणा नहीं लेता, बल्कि वह उससे ईर्ष्या करने लगता है। ईर्ष्या एक ऐसी विकृति है, जो पहले व्यक्ति को स्वयं को जलाती है बाद में वह दूसरों को नष्ट करती है। जैसे माचिस की तीली पहले स्वयं जलती है फिर दूसरों को जलाती है, वैसे ही ईर्ष्या की प्रवृत्ति होती है।

प्रचलित कहानी है कि किसी गाँव में एक व्यक्ति लँगड़ा था, सब उसे लँगड़ा कहकर चिढ़ाते थे। वह दु:खी था। एक बार एक सिद्ध महात्मा उस गाँव में आए, तो उस व्यक्ति ने कहा कि महाराज सब लोग मुझे लँगड़ा कहकर चिढ़ाते हैं। साधु ने उससे पूछा कि वह क्या चाहता है? उस व्यक्ति ने जवाब दिया कि आप सभी को लँगड़ा बना दो, उसने स्वयं के ठीक होने की नहीं, बल्कि अन्य सभी को लँगड़े हो जाने की कामना की। वह व्यक्ति स्वयं के दु:ख से दु:खी

नहीं, लेकिन अन्य के सुख से दुःखी था। यह प्रवृत्ति होती है ईर्ष्यालु व्यक्ति की। ईर्ष्या व्यक्तित्व की ऐसी कमजोरी है, जो आपको सफलता की राह में आगे बढ़ने को प्रेरित नहीं करती, बल्कि अन्य को आगे बढ़ते देखकर आपको दुःखी करती है।

जो व्यक्ति जीवन में आगे बढ़ना चाहते हैं, उन्हें अपने लक्ष्य पर फोकस करते हुए, सकारात्मक सोच के साथ, अपनी पूरी क्षमता का प्रयोग करते हुए, सफलता की राह में अग्रसर होना चाहिए, न कि किसी की प्रगति से जलना चाहिए।

जीवन में सफलता आपकी सोच पर निर्भर करती है। दूसरों से कुढ़ने-जलने वाले कभी सफल नहीं होते। हाँ! आप दूसरों की प्रगति से प्रेरित हों, उनसे अच्छा करने की सोचें, अपनी सोच सकारात्मक रखें, स्वयं की योग्यता, क्षमता पर विश्वास रखें, सफलता अवश्य मिलेगी।

> ''सामने हो मंजिल तो रास्ते मत मोड़ना,
> जो भी हो मन में वो सपना ना तोड़ना,
> कदम-कदम पे मिलेंगी मुश्किलें आपको,
> सितारे छूने के लिए, कभी ज़मीन न छोड़ना।''

7 हीन भावना

हीन भावना का अर्थ है स्वयं को दूसरों से कमतर समझना, हीन समझना, छोटा समझना, कम समझदार समझना या दूसरों को स्वयं से ज्यादा श्रेष्ठ समझना या दूसरों के व्यक्तित्व के समक्ष स्वयं को बौना या हीन समझना। हीन भावना अर्थात् स्वयं पर विश्वास या आत्मविश्वास में कमी। सफलता के लिए सबसे महत्त्वपूर्ण आवश्यकता है—स्वयं पर विश्वास, स्वयं की योग्यता, क्षमता पर विश्वास। यदि आप हीन भावना से ग्रस्त हैं, तो आपका सफल होना लगभग असम्भव है।

हीन भावना क्यों?

दूसरा व्यक्ति कितना ही सम्पन्न दिखाई दे रहा है। वह कितना ही योग्य होगा। आपको अपने व्यक्तित्व को उसके आगे कमतर या बौना समझने की क्या आवश्यकता है। हर व्यक्ति में अपनी कुछ विशेषताएँ होती हैं। अधिकांशतया जैसा कोई दिखाई देता है, वैसा वास्तव में, वह होता नहीं है। ''हर चमकने वाली चीज सोना नहीं होती'' यह सही कहावत है। फिर हमें दूसरे से क्या मतलब।

हमें आगे बढ़ने के लिए, स्वयं की मेहनत पर विश्वास करना है, स्वयं की योग्यता, क्षमता के अनुसार, अपनी बुद्धि व विवेक से आगे बढ़ना है। हम दूसरों को सफल होते देख या दूसरों की समृद्धि को देखकर स्वयं को हीन क्यों समझें?

यदि आप दूसरों की परिस्थितियों की, अपनी परिस्थितियों से तुलना करेंगे, तो आप पा सकते हैं कि आप जितना संघर्ष व, कड़ी मेहनत करके, आगे बढ़े हैं, ऐसी परिस्थितियाँ यदि दूसरे व्यक्ति के समक्ष आएँ, तो वह तौबा कर ले।

अत: अपनी खूबियाँ, अपनी विशेषताएँ, अपने आन्तरिक गुणों को कम नहीं समझें और पूरे आत्मविश्वास से आगे बढ़ें। हीन भावना को मन से निकाल फेंकें। किसी की शक्ल, सूरत या पर्सनेलिटी सफलता का मापदण्ड नहीं, बल्कि जो व्यक्ति पूरे आत्मविश्वास के साथ, दृढ़ इच्छाशक्ति के साथ, अपनी क्षमताओं का उपयोग, सकारात्मक सोच लिए लक्ष्य संधारण हेतु आगे बढ़ता है, सफलता उसका वरण करती है।

''छोटी-सी चींटी आपके पैर को काट सकती है, लेकिन आप उसके पैर को नहीं काट सकते, इसलिए जीवन में, किसी को छोटा मत समझो वह जो कर सकता है, शायद आप न कर सको।''

8 चिन्ता

प्रत्येक बुद्धिजीवी व्यक्ति के साथ चिन्ता जुड़ी ही रहती है। थोड़ी-बहुत चिन्ता होना एक स्वाभाविक सी बात है, लेकिन यदि चिन्ता आपके स्वास्थ्य, सोचने की शक्ति या निर्णय लेने की क्षमता को प्रभावित करे, तो यह खतरनाक स्थिति होती है। वस्तुत: जब मन में नकारात्मक विचारों का उदय होता है और इन विचारों का मन्थन, मस्तिष्क द्वारा लगातार किए जाने से, मस्तिष्क की ऊर्जा का व्यय एक प्रवाह में होता है, तो यह एक खतरनाक स्थिति है।

अधिकांश चिन्ता हमारी स्वयं की आशंकाओं का परिणाम है। जब किसी निर्णय या कार्य के परिणाम की दिशा निश्चित नहीं होती है, तो मन विभिन्न प्रकार की आशंकाओं एवं भय से घिर जाता है। कई बार परिस्थितियाँ अकारण प्रतिकूल हो जाती हैं या हो जाने का भय हो जाता है, तो असफलता की आशंका मन को घेर लेती है। सफलता की राह में यह सब होता ही है। प्रश्न है कि ऐसी परिस्थिति में क्या करना चाहिए? यह बात अच्छी तरह से, हर सफलता के राही को समझ लेनी चाहिए कि सफलता का सफर, कठिनाइयों भरा सफर है, इसमें काँटे हैं, विषमताएँ हैं, आशंकाएँ हैं, लेकिन इसमें घबराने की कोई आवश्यकता नहीं है। न इन परिस्थितियों को स्वयं पर हावी होने देने की आवश्यकता है।

जिस व्यक्ति का मन शंका, चिन्ता एवं असफलता के भय से भयभीत हो, वह साधारण-से-साधारण कार्य भी सही तरीके से नहीं कर पाएगा। उसे सफल होने के लिए, चिन्ता की नहीं सकारात्मक चिन्तन की आवश्यकता है। चिन्तन करें, समस्या को समझें, उसका निदान करने का प्रयास करें। यदि आप सकारात्मक रूप से किसी भी सन्दर्भ में चिन्तन करते हैं, तो राह निकल ही आती है। चिन्तन कभी निष्फल एवं व्यर्थ नहीं जाता, जबकि चिन्ता आपको असफलता के गर्त में धकेलती है। कहते हैं कि चिन्ता एवं चिन्तन दोनों भाई हैं। चिन्ताग्रस्त व्यक्ति हमेशा आशंकाओं में जीता है, असफल होता है, जबकि जो व्यक्ति चिन्तन करता है, वह बड़ी-से-बड़ी समस्या को हल कर सकता है एवं जीवन में सफलता की बुलन्दियों को छूता है।

''एक जोकर ने लोगों को एक जोक
सुनाया, सब लोग बहुत हँसे, उसने
वही जोक दुबारा सुनाया, तो कम
लोग हँसे, उसने वही जोक फिर सुनाया,
तो कोई नहीं हँसा, फिर उसने
एक बहुत प्यारी सी बात बोली,
अगर तुम एक खुशी को लेकर,
बार–बार खुश नहीं हो सकते हो,
तो एक गम/चिन्ता को लेकर
बार–बार दुःखी क्यों होते हो।''

9 तनाव

आज के इस प्रतिस्पर्द्धात्मक युग में, पूर्णरूप से तनावमुक्त जीवन जीना एक कपोल कल्पना से अधिक कुछ भी नहीं है। सफलता के राही के लिए, एक कर्मठ व्यक्तित्व के लिए कुछ हद तक तनाव होना एक आवश्यकता भी है। तनाव जब एक स्तर/सीमा तक होता है, तो व्यक्ति उसे सहन कर सकता है, लेकिन जब तनाव एक सीमा से अधिक हो जाता है, तो व्यक्ति का मानसिक सन्तुलन बिगड़ सकता है। उसे कई प्रकार के मनोरोग; जैसे—अवसाद, हिस्टीरिया, माइग्रेन इत्यादि हो सकते हैं। तनावग्रस्त व्यक्ति जीवन में भयभीत-सा रहता है। आत्मविश्वास टूट जाता है। चिन्ताएँ घेर लेती हैं। कोई सही निर्णय लेने में सक्षम नहीं हो पाता है। हर कार्य को टालने की प्रवृत्ति बनती जाती है। बात-बात में चिड़चिड़ापन एवं गुस्सा आता है। तनाव वस्तुत: सफलता की राह की बहुत बड़ी बाधा है।

तनाव से कैसे बचें?

तनाव से बचने के लिए आपको तनाव के कारणों का पता लगाकर, तद्नुसार आवश्यक कदम उठाने की आवश्यकता है। सामान्य रूप से तनाव का कारण अनावश्यक चिन्ता है, आशंकाओं का भय होता है। इसके लिए हमने बताया है कि चिन्ता की जगह व्यक्ति को चिन्तन-मनन करना चाहिए एवं अपनी शंकाओं व समस्याओं का समाधान ढूँढना चाहिए।

तनाव से बचने हेतु कुछ टिप्स/तरीके निम्न हो सकते हैं

1. कार्य के प्रति एवं जीवन के प्रति आशावादी एवं सकारात्मक रुख रखने से कठिन समय में भी आप सफल हो सकते हैं।

2. काम का अम्बार लग जाना भी तनाव का बहुत बड़ा कारण हो सकता है। काम को टालने की प्रवृत्ति छोड़ें। आज का काम आज ही निपटाने का प्रयास करें।

3. यदि तनाव का कारण आर्थिक है, तो अपने व्यवसाय को उतना ही बढ़ाएँ, जितने वित्त की व्यवस्था आप आराम से कर सकते हैं। धन की आपा-धापी से बहुत अधिक तनाव होता है।

4. अपनी समस्याओं/चिन्ताओं को अपने निजी मित्रों और परिवार के सदस्यों से शेयर करने से तनाव में बहुत कमी आती है।

5. जीवन में गतिशील रहें, जीवन्त रहें, जीवन में हास्य पैदा करें। उदासीन, हमेशा चिन्ता में डूबे रहने, निराशा में, तनाव में वृद्धि होती है।

6. चाय, कॉफी, एल्कोहॉल की अपेक्षा, फलों का जूस और नींबू की शिकंजी का सेवन करने से भी तनाव में कमी आती है। कार्बोहाइड्रेट के सेवन से मन को शान्ति मिलती है।

7. इस बात को समझ लें कि चिन्ता या तनाव करके, स्वास्थ्य खराब करने का कोई लाभ नहीं है। इससे पूर्व भी आपको आज की जैसी समस्याओं से, गम्भीर समस्याओं से रू-ब-रू होना पड़ा होगा। वे समस्याएँ भी समाप्त हो गईं, ये भी हो जाएँगी।

8. प्रातः जल्दी उठें एवं योग व प्राणायाम करें। अपने शरीर को प्रतिदिन कम-से-कम एक घण्टा दें। आपको बहुत हल्कापन महसूस होगा। आप तनाव से मुक्त हो जाएँगे। योग एवं प्राणायाम, तनाव मुक्त होने एवं तनाव से लड़ने में भी सहायक होते हैं।

इस आपा-धापी भरे जीवन में कुछ सीमा तक तनाव यद्यपि अपरिहार्य है तथापि तनाव का सबसे अच्छा समाधान सर्वशक्तिमान ईश्वर के प्रति असीम श्रद्धा एवं आस्था की मनःस्थिति में, अपने कर्त्तव्यों का सही रूप से पालन करना है। तनाव रहित व्यक्ति सामान्यतया अपने लक्ष्य संधारण में सफल होते हैं।

''हर कार्य समय पर करें, इसी में जीवन की सार्थकता एवं सफलता है। वर्तमान में विश्व में तेजी से परिवर्तन हो रहा है, समय तेजी से बदल रहा है। जरूरत है, समय को पहचानें एवं उसके साथ कदम से कदम मिलाकर चलें।''

10 काम वासना

जीवन में सफलता एवं उन्नति का आधार सद्विवेक एवं सद्चरित्रता है। वर्तमान में चारों ओर व्याप्त अश्लीलता के कारण आज चरित्रवान बना रहना भी एक तप जैसा कार्य हो गया है। टीवी पर, केबल पर, हर सीरियल में, इण्टरनेट में, लड़के-लड़कियों के पहनावे में, अखबार में, मैग्जीन्स में विज्ञापनों में, जिस तरह से अश्लीलता परोसी जाती है, उससे आज का न केवल नौजवान वर्ग, बल्कि हर उम्र का व्यक्ति काम वासना का शिकार सहज ही बन जाता है।

आज काम वासना की पूर्ति हेतु भी जिस तरह से साधनों की सुलभता है वह हमारे देश में यूरोपियन संस्कृति के पदार्पण एवं इसके स्वीकार्य होने का लक्षण है। ऐसे अश्लील, निकृष्ट वातावरण में व्यक्ति का मन कुत्सित होना सम्भव प्रतीत होता है। मन बुरे कर्मों की ओर दौड़ना चाहता है, अन्तरात्मा एवं उसका विवेक उसे रोकते हैं। इस द्वन्द्व की स्थिति में व्यक्ति झूलता है। इन परिस्थितियों में जो व्यक्ति डगमगा जाता है, वह बर्बादी के गर्त में डूबता जाता है। काम वासना का ज्वर व्यक्ति को न केवल स्वयं की नजरों में गिरा देता है, बल्कि समाज में भी वह धिक्कारा जाने लगता है।

आज कितने ही उच्चाधिकारी, मन्त्रीगण, प्रतिष्ठित लोग, अच्छे-अच्छे परिवारों के बच्चे, आज के अश्लील वातावरण के शिकार होकर दुष्कर्मों में लिप्त पाए जाते हैं। उनका भविष्य व उनका करियर तबाह हो रहा है। इस बिन्दु को शामिल करने का अभिप्राय सफलता की राह पर चलने वाले हर व्यक्ति को आगाह करना है कि वर्तमान युग में स्वयं को सावधान रखे। अश्लीलता के वातावरण में, काम वासना के चक्कर में अपने आप को बर्बाद होने से बचाएँ।

आप जीवन को जो कुछ देंगे, बदले में वही पाएँगे और उससे कई गुना अधिक पाएँगे। बुरा करेंगे, निन्दा करेंगे, तो उससे कई गुना अधिक आपको मिलेगा और अच्छा करेंगे तो भी कई गुना अधिक आपको मिलेगा।

आपने एक कहावत सुनी होगी।

"Do good, find good.

अर्थात् कर भला, हो भला।

हम कहते हैं—

Do good find better

कर भला, पाओ अधिक भला।"

और यह सत्य है, आजमाकर देखें। प्रकृति को आप जितना देते हैं, वह उसे कई गुना करके लौटाती है।

11 नैराश्यपन

नैराश्यपन अर्थात् निराशा से ग्रस्त होना। सफलता के लिए संकल्पित व्यक्ति को किसी भी स्थिति में निराश होने की आवश्यकता नहीं है। यह सत्य है कि सफलता का मार्ग एक दुर्गम मार्ग है, इसमें बहुत उतार-चढ़ाव हैं, फिसलन है, कठिनाइयाँ हैं, लेकिन जिसने सफल होने का संकल्प कर ही लिया, उसे ऐसी किसी भी स्थिति का सामना करने के लिए स्वयं को तैयार करना पड़ेगा। कहते हैं सफलता के मार्ग में, असफलता रूपी कई पड़ाव आते हैं या सफलता का जन्म असफलता की कोख से ही होता है। फिर भी निराशा क्यों?

निराश होने से, आपको सफलता नहीं मिल जाएगी। आज जो भी व्यक्ति सफलता की श्रेणी में आपको दिखाई पड़ते हैं उन्होंने हर प्रकार की विपदाएँ व कठिनाइयों का सामना किया है, बहुत समस्याएँ झेली हैं, कई बार असफल भी हुए हैं, लेकिन निराश कभी नहीं हुए। लगातार प्रयासरत् रहे। हर असफलता से कुछ नया सीखा। असफलता व्यक्ति की सबसे श्रेष्ठ शिक्षिका है।

जीत उसी की होती है, जो बिना निराश हुए, पूरे उत्साह से, दृढ़ संकल्पित होकर, अपनी पूरी योग्यता, क्षमता का उपयोग करते हुए, अपने लक्ष्य संधारण में जुटा रहता है। सफलता उसे ही मिलती है, जो आशावादी है, जिसकी सोच सकारात्मक है, जो विपरीत परिस्थितियों में भी धैर्य रखकर आगे बढ़ता जाता है। अतः सफलता के इच्छुक व्यक्ति को निराश नहीं होना चाहिए, बल्कि पूरे जोश एवं उत्साह से सफलता के मार्ग पर बढ़ते रहना चाहिए।

''मैं अकेली हूँ, लेकिन फिर भी मैं हूँ।
मैं सब कुछ नहीं कर सकती,
लेकिन मैं कुछ तो कर सकती हूँ,
और सिर्फ इसलिए कि मैं सब कुछ
नहीं कर सकती, मैं वो करने से पीछे
नहीं हटूँगी जो मैं कर सकती हूँ।''

—हेलन केलेर

12 आलस्य

सफलता एवं कामयाबी का सबसे बड़ा दुश्मन है—
'आलस्य'। जो व्यक्ति समय का महत्त्व नहीं समझ सकता
वह जीवन में कभी सफल नहीं हो सकता। जो व्यक्ति
आलस्यवश किसी कार्य को नहीं करे या देर से करे या
टालता रहे वह जीवन में सफल होने की कल्पना करे, यह
मात्र कल्पना ही है। असफल व्यक्ति का सबसे बड़ा मित्र
है—आलस्य, जबकि सफल होने वाला व्यक्ति आलस्य को
अपने पास भी नहीं भटकने देता।

वर्तमान प्रतिस्पर्द्धा के युग में, जब तकनीक का इतना विकास
हो चुका है कि जो कार्य पहले एक दिन में किया जाता
था, वह आज एक घण्टे में पूरा किया जा सकता है, तो
ऐसी स्थिति में एक आलसी व्यक्ति जितना समय अपने
आलसी स्वभाव के कारण व्यर्थ करता है, तो अन्य लोग
कितने आगे निकल जाएँगे, यह बात बहुत सहज ही समझी
जा सकती है।

आलस्य एवं दरिद्रता, दोनों सहोदर भाई हैं। दोनों अभिन्न
मित्र हैं। एक के बिना दूसरे को चैन नहीं पड़ता। आलसी
व्यक्ति समय को व्यर्थ करता रहता है। आलसी व्यक्ति उन
उपलब्धियों व कामयाबियों से हाथ धोता है, जो वह कुछ
परिश्रम करने से प्राप्त कर सकता है।

**सफलता के लिए आवश्यक है—कर्मठता। आलस्य, कर्मठता
का दुश्मन है।**

मनुष्य के जीवन का सबसे मूल्यवान खजाना है—'समय'। विश्व की संपूर्ण सम्पत्ति से, समय का एक क्षण भी खरीदा नहीं जा सकता। जो व्यक्ति आलस्यवश समय को व्यर्थ करता है उसे जीवन में सफलता की कल्पना भी नहीं करनी चाहिए। आलस्य से मुक्ति पाना ही, सफलता की ओर व्यक्ति का एक अहम् कदम होगा। सफल होना है तो आलस्य त्यागें।

> ''हमें भूतकाल (Past Time) के बारे में
> पछतावा नहीं करना चाहिए,
> न ही भविष्य के बारे में चिन्तित
> होना चाहिए विवेकवान व्यक्ति
> हमेशा वर्तमान में जीते हैं।''
> —चाणक्य

13 धोखा एवं बेइमानी

आपने 'धोखा' के सम्बन्ध में निम्न कविता (कथन) अवश्य सुनी होगी

> ''दगा (धोखा) किसी का सगा नहीं,
> यदि किया नहीं तो करके देखो।
> जिसने जीवन में दगा किया,
> उसका जाकर के घर देखो।''

अर्थात् दगा या धोखा जो करता है, वह जीवन में कभी भी उन्नति नहीं कर सकता। वह जीवन में हमेशा दरिद्र ही रहता है। उसका विनाश निश्चित ही है।

दगा करने वालों को, दूसरों के साथ बेइमानी करने वालों को अस्थायी सफलता मिल सकती है। अस्थायी रूप से वे प्रसन्न महसूस कर सकते हैं, अस्थायी रूप से वे समृद्ध एवं खुश दिखाई दे सकते हैं, लेकिन जीवन में वास्तविक सुख, वास्तविक प्रसन्नता उन्हें कभी नसीब नहीं हो सकती।

वैसे भी जो व्यक्ति किसी दूसरे के विश्वास को तोड़ता है, किसी के साथ धोखाधड़ी करता है, बेइमानी करता है, वह कैसे सुख-चैन से जी सकता है? कैसे वह जीवन में खुशी/प्रसन्नता पा सकता है? यह शाश्वत सत्य है कि आप जैसा बोओगे वैसा ही पाओगे। यदि आप किसी के साथ दगा कर रहे हैं, बेइमानी कर रहे हैं, तो आपके साथ भी ऐसा ही होगा।

सफलता की आवश्यक शर्त, सही प्रकार से, पूरी ईमानदारी से, पूरी मेहनत से अपने लक्ष्य संधारण हेतु मेहनत करना है और दगाबाज एवं बेइमान व्यक्ति का कड़ी मेहनत से दूर का भी रिश्ता नहीं होता है।

यदि वह कड़ी मेहनत में ही विश्वास कर ले, तो उसे दगा करने की तथा बेइमानी करने की जरूरत ही नहीं रहेगी। वास्तविक सफलता, वास्तविक खुशी, वास्तविक समृद्धि, वास्तविक मानसिक एवं आत्मिक शान्ति के लिए, स्वयं एवं पूरे परिवार के सुख के लिए कभी भी किसी के साथ दगा नहीं करनी चाहिए तथा बेइमानी नहीं करनी चाहिए।

''इस तरह ना कमाओ कि पाप हो जाए।
इस तरह ना खर्च करो कि कर्ज हो जाए।
इस तरह ना खाओ कि मरज हो जाए।
इस तरह ना बोलो कि कलेश हो जाए।''

14 बुरी आदतें

जैसे-जैसे इन्सान बचपन से बड़ा होकर जवानी में कदम रखता है, अपने पैरों पर खड़ा होता है या माता-पिता के नियन्त्रण से कुछ आजाद होता है वैसे-वैसे कुछ बुरी आदतें, वह अपने मित्रों की नकल करके या जिज्ञासावश पकड़ लेता है; जैसे—जर्दा खाना, चुर्री खाना, शराब पीना, धूम्रपान करना, लड़कियों से देर तक बातें करना, लड़कियों के साथ संसर्ग करना, गन्दी फिल्में देखना, गन्दी किताबें पढ़ना और व्यभिचार में लिप्तता।

बहुत से बच्चे तो ड्रग लेने लग जाते हैं। छोटी-मोटी चोरी करने लग जाते हैं। कुसंग में पड़ जाते हैं। ऐसे-ऐसे कुकर्म करने लग जाते हैं, जिनकी सभ्य व्यक्ति कल्पना भी नहीं कर सकते। ये आदतें असफलता की गारण्टी है। एक बार इन आदतों का शिकार होने के बाद, इनसे पीछा छुड़ाना लगभग असम्भव हो जाता है।

इन आदतों से आपका स्वास्थ्य खराब होता है। आपका स्वाभिमान, आत्मसम्मान एवं आत्मगौरव क्षीण होता है। आप कोई भी कार्य पूरे मन से, पूर्ण समर्पण से नहीं कर पाते हैं। व्यक्ति इन आदतों का गुलाम हो जाता है। लक्ष्य के प्रति पूर्ण फोकस करके अपनी ऊर्जा शक्ति को लगाना सम्भव नहीं हो पाता है। बुरी आदतें एक बार आपके जीवन में प्रवेश कर जाती हैं, तो उनको छोड़ना/त्यागना बहुत कठिन हो जाता है।

यदि हम यह कहें कि गलत या बुरी आदतों का त्याग नहीं किया जा सकता, तो भी गलत होगा, लेकिन यह कार्य बहुत कठिन अवश्य है।

बहुत सरल बात है, ये बुरी आदतें आपको सफलता से दूर करती हैं। जो व्यक्ति जीवन में सफलता की बुलंदियाँ छूना चाहता है, उसे ऐसी आदतों से स्वयं को बचाना चाहिए।

> ''तुम पानी जैसे बनो जो अपना
> रास्ता खुद बनाता है,
> पत्थर जैसे ना बनना,
> वह दूसरों का रास्ता भी रोक देता है।''

15 प्रतिशोध

प्रतिशोध वस्तुत: किसी अन्य द्वारा हमें पहुँचाई गई क्षति का प्रतिकार है। कोई व्यक्ति हमें क्षति पहुँचाता है, तो हमारे मन में उसे क्षति पहुँचाने की इच्छा या भावना ही प्रतिशोध है। यह क्रोध जनित भावना है। क्रोध का संवेग अधिकांशतया क्षणिक होता है, लेकिन प्रतिशोध सामान्यतया लम्बी प्रक्रिया है, जो सोच-समझकर, दूसरों को क्षति पहुँचाने का उपक्रम है। प्रतिशोध अर्थात् दूसरों को क्षति पहुँचाकर स्वयं का सन्तुष्ट होना है। लोग समझते हैं कि यह बड़ी वीरता की बात है, साहस की बात है। क्षत्रियों के लिए, शूरवीरों के लिए, देश के सैनिकों के लिए, यह सब मान्य है, लेकिन सफलता की आकांक्षा रखने वाले व्यक्ति के लिए प्रतिशोध की धारणा एकदम अनुचित है।

प्रतिशोध हेतु लगने वाला समय, ऊर्जा, धन एवं मानसिक शक्ति एक तरह से अपव्यय है। जो ऊर्जा शक्ति सफलता का लक्ष्य हासिल करने के लिए प्रयुक्त होनी चाहिए थी, वह प्रतिशोध लेने में प्रयुक्त हो रही है।

इसके अतिरिक्त निम्न बातों पर गौर करें

1. प्रतिशोधी हमेशा इस बात से भयभीत रहता है कि मेरा अहित भी हो सकता है।

2. वह मानसिक रूप से कमजोर होता जाता है।

3. जिन लोगों के मध्य वह स्वयं को साहसी, वीर एवं बहादुर साबित करना चाहता है, वे ही पीठ के पीछे उसे बेवकूफ, नासमझ एवं तरह-तरह की उपमाओं से परिभाषित करते हैं।

4. प्रतिशोध का प्रतिकार यदि प्रतिशोध से हो जाता है, तो सारा जीवन इसी प्रकार के उपक्रम में निकल जाता है। सब कुछ तबाह एवं बर्बाद हो जाता है और सबसे प्रमुख बिन्दु यह है कि प्रतिशोध साहसिक कार्य नहीं है। वास्तविक साहस तो क्षमा करने में है, सहन करने में है। सहनशीलता व्यक्ति के आन्तरिक गुणों को विकसित करती है, उसे विचारवान बनाती है, उन्नति के मार्ग को प्रशस्त करती है तथा मित्रवत् माहौल व्याप्त होता है।

   जो ऊर्जा प्रतिशोध में व्यर्थ हो रही थी, वह सकारात्मक कार्यों में लगती है। व्यक्ति उल्लासपूर्ण एवं भयहीन होकर सफलता की ओर अग्रसर होने लगता है। अन्तःकरण शीतल होता है। सफलता की राह पर कदम रखने वाले कर्मठ व्यक्तित्व को प्रतिशोध से हर हालत में परहेज करना चाहिए।

''कुछ लोग कोयले की तरह होते हैं,
जब कोयला गर्म होता है, तो हाथ जलाता है,
जब ठण्डा होता है, तो कालिख लगाता है।''

शैक्षिक योग्यता के बिना
सफलता

सफलता पाने के लिए शैक्षिक योग्यता को अनिवार्य माना जाता है। सफलता का पैमाना शैक्षिक योग्यता नहीं होता है। किसी भी क्षेत्र के प्रतिभासम्पन्न व्यक्ति शैक्षिक योग्यता के बिना सफलता पाकर विश्व में प्रसिद्ध हो चुके हैं। सफलता के लिए संघर्ष करते हुए व्यक्ति को संकल्प, दृढ़ता, इच्छाशक्ति, लगन, मेहनत एवं जुनून आदि की ज़रूरत होती है।

पढ़ाई में पीछे, कमाई में आगे

''शैक्षिक योग्यता ही सफलता का मापदण्ड नहीं ''

बहुत से लोगों का यह मानना है कि जो बच्चा स्कूल/कॉलेज में पढ़ाई में पिछड़ जाता है, वह जीवन में भी पिछड़ जाता है और उसकी सफल लोगों की श्रेणी में गिनती होना सम्भव नहीं हो पाता।

इस बात को दूसरे शब्दों में इस प्रकार से भी कहा जा सकता है कि जो बच्चे अपने स्कूल/कॉलेज में टॉपर होते हैं, वे ही सफल कहलाए जाने योग्य होते हैं या वे ही जीवन में सफल होते हैं।

अधिकांश माता-पिता इसी विचारधारा को ध्यान में रखते हुए, अपने बच्चों को स्कूल/कॉलेज के दिनों में अत्यधिक कड़े अनुशासन में रखते हैं और उनसे यह अपेक्षा करते हैं कि वे कैसे भी टॉपर बनें।

ऐसा करने से अनेक बच्चों का स्वाभाविक विकास रुक जाता है, वह बच्चा जिस क्षेत्र में जाना चाहता है, जिस क्षेत्र में उसका रुझान होता है, जो उसका पसन्दीदा क्षेत्र होता है, उधर नहीं जा पाता है और नापसन्दगी के क्षेत्र में अभिभावकों के दबाववश, बिना मन से प्रयास करने को मजबूर होता है और इसका परिणाम यह होता है कि वह उस क्षेत्र में भी सफल नहीं हो पाता है।

यह स्थिति अभिभावकों एवं बच्चों दोनों के लिए बहुत दुश्वार होती है। अभिभावक स्वयं को दुर्भाग्यशाली समझते हैं, बात-बात पर बच्चे को कोसते हैं, जिससे कई बार बच्चा भी अपना आत्मविश्वास खो देता है और अवसादग्रस्त होकर, हीन भावना का शिकार हो जाता है।

यह एक बहुत ही संवेदनशील एवं महत्त्वपूर्ण बिन्दु है, जिसे अभिभावकों को अच्छी तरह से समझने की आवश्यकता है।

आप समझने का प्रयास करें और इसका व्यावहारिक रूप देखें कि आज जितने भी अच्छे खिलाड़ी हैं, जितने भी अच्छे वकील हैं, पहलवान हैं, तैराक हैं, बिजनेसमैन हैं, वे क्या सब स्कूल/कॉलेज में टॉपर्स थे? क्या सचिन तेन्दुलकर, कपिल, राहुल द्रविड़, धोनी, अमिताभ बच्चन, राहुल बजाज, स्टीव जोब्स, बिल गेट्स, धीरूभाई अम्बानी इत्यादि स्कूल/कॉलेज में टॉपर रहे हैं?

वस्तुत: जीवन में शैक्षिक योग्यता आपको एक स्तर तक कामयाब होने में मददगार हो सकती है, लेकिन वास्तविक सफलता के लिए जीवन में जिस संकल्प, इच्छाशक्ति, लगन एवं मेहनत करने के जुनून की आवश्यकता होती है, वह व्यक्तिगत होती है और यह जुनून जीवन में संघर्ष करने से

बढ़ता है। जो व्यक्ति जीवन में जितनी ठोकरें खाता है, असफलता का दंश सहता है, अधिकांशतया वह जीवन में उतना ही आगे बढ़ता है। इस अध्याय में हम कुछ ऐसे सफलतम व्यक्तियों की सफलता की कहानियाँ संक्षेप में दे रहे हैं, जो पढ़ाई में पीछे लेकिन कमाई में आगे रहे और उनकी जीवनी सभी के लिए प्रेरणास्पद नजीर की तरह है।

"दुनिया आपको उस वक्त तक
नहीं हरा सकती जब तक आप
स्वयं ही ना हार जाओ।"

बिल गेट्स (Bill Gates)

विलियम हेनरी बिल गेट्स III का जन्म 28 अक्टूबर, 1955 को सीटल (Seattle) वाशिंगटन में हुआ। बिल गेट्स के पिता वकील थे एवं माता एक कम्पनी में डायरेक्टर थीं।

बिल गेट्स का नाम आज विश्व के सबसे अमीर व्यक्तियों में कभी पहले, तो कभी दूसरे नम्बर पर शुमार किया जाता है।

स्कूल कॉलेज में कभी भी टॉपर नहीं रहने वाले बिल गेट्स को कम्प्यूटर प्रोग्रामिंग, कम्प्यूटर गेम्स बनाने का प्रारम्भ से ही बहुत शौक था। उन्हें कम्प्यूटर में काम करने का ऐसा जुनून था कि उन्होंने स्नातक शिक्षा के बाद हारवर्ड कॉलेज में प्रवेश लेने के बाद भी अपनी पढ़ाई पूरी नहीं की।

वर्ष 1975 में बिल गेट्स ने Microsoft कम्पनी शुरू की और देखते ही देखते आज विश्व के सबसे अमीर व्यक्तियों में उनका नाम दर्ज होता है।

बिल गेट्स अपनी असाधारण सफलता के लिए निम्न तथ्यों पर फोकस करने की सलाह देते हैं

अपने रास्ते स्वयं ही बनाने होंगे

उनका मानना है कि आपको कोई रास्ता तैयार करके नहीं देगा। यदि आपको जीवन में कुछ करना है, तो आपको अपना रास्ता स्वयं बनाना होगा। आपके विचार किसी को पसन्द न आते हों, कोई बात नहीं, लेकिन जब आपने उस रास्ते पर जाना तय कर लिया है, तो बढ़ जाओ उस रास्ते पर।

हो सकता है कुछ लोग आपको सनकी समझते हों, लेकिन यदि आपका उद्देश्य पवित्र है और आप में आत्मविश्वास है, कुछ अलग हटकर करने का जुनून है, तो बढ़ जाओ, आपको सफलता अवश्य मिलेगी।

कार्य का सम्पादन प्राथमिकता के अनुसार करो

जो काम जरूरी है उसे पहले करें। जो काम बाद का है, उसके लिए आज समय खराब करने की आवश्यकता नहीं है। प्राथमिकताओं पर गम्भीरता से विचार करना चाहिए और उसी के अनुसार कार्य पूरे करने चाहिए।

त्वरित निर्णय लिए जाने की आवश्यकता है

दुनिया तेजी से बदल रही है, आप निर्णय लेने में देर कर रहे हैं, तो हो सकता है अन्य आपसे आगे बढ़ जाएँ। देर से लिए जाने वाले निर्णय से आपको बहुत नुकसान भी उठाना पड़ सकता है। इस स्पर्द्धात्मक वातावरण में व्यक्ति को चारों ओर की जानकारी रखने की और तुरन्त निर्णय लेने की भी आवश्यकता है।

जीतने के लिए इनोवेशन आवश्यक है

आगे बने रहने के लिए, जीत को बरकरार रखने के लिए, इनोवेशन की बहुत आवश्यकता है, यह इनोवेशन का जमाना है। बिल गेट्स ने इनोवेशन के बल पर ही स्वयं को सबसे आगे रखा है।

सिस्टम बनाएँ एवं उसमें लगातार सुधार करें

अपने काम का एक सिस्टम बनाएँ और वह ऐसा होना चाहिए कि हर परिस्थिति में अपने आप काम होता चला जाए। इसके लिए सिस्टम में आवश्यक सुधार की आवश्यकता है। हर स्तर पर सिस्टम बनाकर उसमें पूर्णता का प्रयास करने से, काफी हद तक इसमें सफलता मिल जाती है।

मानवता की सेवा, सभी को समान अवसर प्रदान करने में है

बिल गेट्स का मानना है कि सभी को समान अवसर मिलने चाहिए, जो लोग स्वयं की सहायता नहीं कर सकते उन्हें सहायता प्रदान की जानी चाहिए, जिससे उन्हें भी आगे बढ़ने के अवसर समान रूप से उपलब्ध हो सकें।

अपना प्रभाव स्थापित करें

बिल गेट्स का मानना था कि जो लोग आगे बढ़ना चाहते हैं, उन्हें अपना प्रभाव स्थापित करना होगा, जिससे लोग उनकी बातों को सुनें और समझ सकें। एक प्रभावहीन व्यक्ति को कोई सुनना पसन्द नहीं करता, चाहे वह कितनी ही सही बात करे। अत: अपना प्रभाव स्थापित करना, सफलता के लिए अहम् बिन्दु है।

माइक्रोसॉफ्ट के संस्थापक बिल गेट्स के चरित्र की तीन खूबियाँ हैं

1. तीव्रता   2. दृढ़ता   3. जुनून

बिल गेट्स उन लोगों के लिए प्रेरणास्रोत हैं, जो अपनी असफलता के लिए शिक्षा के अभाव को कारण मानते हैं।

> ''लगातार हो रही असफलताओं से निराश नहीं होना चाहिए, कभी-कभी गुच्छे की आखिरी चाबी भी ताला खोल देती है। सदा सकारात्मक रहें, आशावादी रहें।''

② धीरूभाई अम्बानी (Dhirubhai Ambani)

गुजरात राज्य के एक छोटे-से गाँव चोरवाड में 28 दिसम्बर, 1932 को धीरूभाई अम्बानी का जन्म हुआ। उनके पिता हीराचन्द गोवर्धन दास अम्बानी एक शिक्षक थे और वह परिवार की तीसरी सन्तान थे। घर की आर्थिक स्थिति ठीक नहीं होने के कारण, धीरूभाई को हाईस्कूल के बाद ही पढ़ाई छोड़नी पड़ी। धीरूभाई, बचपन से ही घर की आर्थिक स्थिति सुधारने में सहयोग करते थे। वे गिरनार के पास,

पकौड़ियों की दुकान लगाया करते थे। दुकान की आय आने वाले पर्यटकों के हिसाब से बढ़ती-घटती रहती थी।

वर्ष 1949 में 17 वर्ष की उम्र में वे यमन के एडेन शहर चले गए, जहाँ उनके बड़े भ्राता ने उनके लिए क्लर्क की नौकरी की व्यवस्था कर रखी थी, लेकिन यमन उन्हें रास नहीं आया एवं वर्ष 1954 में धीरूभाई अपने देश वापस आ गए, उस समय उनके पास मात्र ₹ 500 थे।

वर्ष 1966 में उन्होंने रिलायन्स इण्डस्ट्रीज की स्थापना की वर्ष 2012 में इस कम्पनी में 85,000 कर्मचारी कार्य करते थे। वर्ष 2012 में फॉर्चून 500 की सूची में रिलायन्स का नाम प्रथम एक सौ कम्पनियों में शुमार था।

सफलता की बुलन्दियों को फतेह करने वाले शख्स धीरूभाई अम्बानी के निम्न विचारों को पढ़ें। ये विचार सफलता के मार्ग पर कदम रखने वाले हर व्यक्ति के लिए, कुछ प्रेरक सन्देश देते हैं

1. कठिनाइयों में भी अपने लक्ष्य को पाने का यत्न करें। कठिनाइयों को अवसरों में तब्दील करें। असफलताओं के बावजूद अपना मनोबल ऊँचा रखें। अन्त में सफलता आपको अवश्य मिलेगी।

2. बड़ा सोचो, जल्दी सोचो, आगे सोचो। विचारों पर किसी का एकाधिकार नहीं है।

3. हमारे सपने बड़े होने चाहिए, हमारी महत्त्वाकांक्षाएँ ऊँची होनी चाहिए, हमारी प्रतिबद्धताएँ गहरी होनी चाहिए और हमारे प्रयास तदनुसार बड़े होने चाहिए।

4. यदि आप दृढ़ संकल्प एवं पूर्णता के साथ कार्य करेंगे, तो सफलता अवश्य मिलेगी।

5. सही उद्यमशीलता एवं आगे बढ़ने के लिए, जोखिम लेना आवश्यक है।

6. अपनी महत्त्वाकांक्षा को मरने मत दो, हर अवसर का लाभ उठाओ एवं महत्त्वाकांक्षा की पूर्ति हेतु प्रयासरत् रहो, सफलता अवश्य मिलती है।

7. एक दिन धीरूभाई चला जाएगा। रिलायन्स के कर्मचारी एवं शेयरधारक इसे चलाते रहेंगे। रिलायन्स एक विचार है, जिसमें अम्बानियों का ही वर्चस्व हो, ऐसा नहीं है, और धीरूभाई अम्बानी, इस दुनिया को 6 जुलाई, 2002 को अलविदा कह गए एवं रिलायन्स आज भी अपनी बुलन्दियों पर कायम है।

''मायूस क्यों होते हो, सामने है
आकाश बस मन में रखो थोड़ा-सा
विश्वास। मंजिल अवश्य मिल जाएगी,
लो अगर मन में ठान अपनी कुव्वत,
अपनी क्षमता, उसको ले पहचान।''

③ हेनरी फोर्ड (Henry Ford)

अमेरिकी उद्योगपति हेनरी फोर्ड एक बहुत ही साधारण तरीके से जीवन-यापन करने वाले प्रतिभाशाली व्यक्ति थे। हेनरी फोर्ड का जन्म सन् 1863 में एक किसान के घर में हुआ था।

फोर्ड का मन स्कूल की पढ़ाई में नहीं लगता था। उन्होंने मात्र 15 वर्ष की उम्र तक ही शिक्षा ग्रहण की। पढ़ाई करने के साथ-साथ वे खेत पर भी काम किया करते थे। बचपन से ही उन्हें सब प्रकार की मशीनों/यन्त्रों के प्रति कुतूहल एवं विशेष लगाव-सा था।

पिता के मना करने के बावजूद वे अपने पड़ोसियों एवं अन्य लोगों की घड़ियों एवं यन्त्रों की मरम्मत मुफ्त में ही किया करते थे।

16 वर्ष की उम्र में वे घर छोड़कर डेट्रायट चले गए। यहाँ कई कारखानों में कार्य करके उन्होंने यान्त्रिक ज्ञान प्राप्त किया। सन् 1886 में वापस आकर, उन्होंने पिता की जमीन पर मशीन मरम्मत का कारखाना खोला।

सन् 1887 में उन्होंने गैस इंजन एवं खेतों पर भारी काम करने वाली मशीन बनाने की योजना बनाई, लेकिन यन्त्रों के प्रति विशेष आकर्षण के कारण वे घर पर नहीं टिक सके एवं पुनः डेट्रायट चले गए।

वहाँ उन्होंने एक कम्पनी में नौकरी प्रारम्भ की और सन् 1893 में उन्होंने पेट्रोल से चलने वाली पहली गाड़ी बनाई, जो 25 मील प्रति घण्टा की गति से चल सकती थी। सन् 1899 में उन्होंने डेट्रायट ऑटोमोबाइल कम्पनी की स्थापना की। फिर इस कम्पनी को छोड़कर वह दौड़ में भाग लेने वाली गाड़ियाँ बनाने लगे। वर्ष 1903 में उन्होंने फोर्ड कम्पनी स्थापित की।

प्रथम वर्ष में 1708 गाड़ियाँ बनाईं एवं द्वितीय वर्ष में 5000 बेचीं। वर्ष 1924 तक उनकी कम्पनी ने 20 लाख गाड़ियाँ, ट्रक एवं ट्रैक्टर बनाए थे। वर्ष 1931 तक फोर्ड की सभी कम्पनियों द्वारा दो करोड़ गाड़ियाँ बनाई गई थीं।

हेनरी फोर्ड की गिनती विश्व के सबसे अमीर उद्योगपतियों में की जाती थी। वे महान् आविष्कारक भी थे। उनके नाम से 161 आविष्कार पेटेण्ट हैं। वर्ष 1947 में उनकी मृत्यु हो गई।

हेनरी फोर्ड को बहुत ही सादा जीवन व्यतीत करने वाले अमीर लोगों में जाना जाता है। उनके विचार हर सफलता के मार्ग पर चलने वाले मानव के लिए बहुत महत्त्वपूर्ण हैं। उनके कुछ प्रमुख कथन निम्न हैं

"Failure is simply the opportunity to begin again, this time more intelligently.'
—*Henry Ford*

''असफलता मात्र पुन: कार्यारम्भ करने का अवसर होती है, इस बार और अधिक बुद्धिमत्ता से।''   —हेनरी फोर्ड

"If there is our secret of success, it lies in
the ability to get the other person's point
of view and see things from that person's
angle as well as from your own."
—*Henry Ford*

''यदि सफलता का कोई राज है, तो वह दूसरे
के दृष्टिकोण को समझने और चीजों को
उसके दृष्टिकोण से अपने दृष्टिकोण जितने
अच्छे से देख पाने की क्षमता में
निहित है।''

"Whether your think you can, or
that you can't, you are usually right."
—*Henry Ford*

''चाहे आप सोचें कि आप कर सकते हैं
या सोचें कि नहीं कर सकते हैं,
आप आमतौर पर सही होते हैं।''

–हेनरी फोर्ड

एक बार हेनरी फोर्ड से एक युवक ने कहा कि मैं भी
हेनरी फोर्ड के समान बनना चाहता हूँ। कृपया मेरा मार्गदर्शन
कीजिए। हेनरी फोर्ड ने जो जवाब दिया वह हर उस व्यक्ति
के लिए प्रेरक हो सकता है, जो भौतिक रूप से बड़ी
महत्त्वाकांक्षा रखता है। फोर्ड ने उत्तर दिया—''किसी भी
कीमत पर अपनी प्राथमिकता बनाए रखो, मनोयोग एवं
सतत श्रम का अवलम्बन लेकर व्यवसाय क्षेत्र में आगे बढ़
सकते हो।''

"Most people spend more time and
energy going round problems
than in trying to solve them."

समस्या को हल करने की अपेक्षा अधिकतर लोग ज्यादा समय और ताकत उससे जूझने में लगा देते हैं। एक सामान्य से ऑटोमोबाइल मैकेनिक के रूप में हेनरी फोर्ड ने अपना जीवन आरम्भ किया और पुरुषार्थ के बलबूते पर सफलता की अनजान बुलन्दियों को फतेह किया।

''दृढ़ इच्छाशक्ति वाले व्यक्ति
अवसर की प्रतीक्षा न करके,
स्वयं अवसर का निर्माण करते हैं,
ऐसे पुरुषार्थी जीवन में हारना नहीं जानते।
वे पूरी लगन एवं निष्ठा से जिस
कार्य में जुट जाते हैं,
उसे पूरा करके ही दम लेते हैं।''

④ स्टीव जोब्स (Steve Jobs)

एप्पल कम्पनी के चेयरमैन, पूर्व CEO एवं सह-संस्थापक स्टीव जोब्स का जन्म 24 फरवरी, 1955 को सैन फ्रांसिस्को, कैलिफोर्निया में हुआ था। जब उनका जन्म हुआ तो उनके माता-पिता की शादी नहीं हुई थी, तो उन्होंने स्टीव जोब्स को किसी अन्य को गोद देने का निर्णय लिया एवं पॉल जोब्स एवं उसकी पत्नी को स्टीव को गोद दे दिया गया। स्टीव ने कॉलेज की पढ़ाई पूरी नहीं की। कॉलेज में पढ़ना

उनके लिए बहुत महँगा था और उनके माता-पिता इतना व्यय वहन नहीं कर सकते थे। उस समय को याद करते हुए स्टीव कहते हैं कि ''मेरे पास रहने तक के लिए जगह नहीं थी, इसलिए मैं अपने दोस्तों के कमरों में नीचे जमीन पर सोता था। मैं Coke की खाली बोतलों को

लौटाने का काम करता था और उससे मिले पैसों से कुछ खाने को खरीद लेता था। मैं रविवार को 7 मील दूर कृष्णा मन्दिर में खाना खाने जाता था, ताकि हफ्ते में एक दिन पेट भर के खा सकूँ।''

जब स्टीव 20 वर्ष के थे, तो उन्होंने अपने दोस्त स्टीव वोजनिक (Steve Wozniak) के साथ मिलकर 1 अप्रैल, 1976 को गैराज में एक कम्पनी खोली एवं दोनों ने मिलकर Apple I बनाया एवं उसे लोकल स्टोर में बेचने का विचार किया। इसके लिए उन्हें अपनी Volksvegan Van एवं उनके दोस्त को अपना प्रिय Scientific Calculator बेचना पड़ा। वर्ष 1982 तक उनकी कम्पनी की आर्थिक हालत अच्छी नहीं थी, लेकिन उन्होंने हिम्मत नहीं हारी एवं फैसला किया कि एक नई मशीन तैयार करेंगे, जो IBM के नए PC से टक्कर ले सके, पर यहाँ भी उन्हें असफलता मिली, लेकिन वह निराश नहीं हुए और पूरे जोश से काम करते रहे। फिर उन्होंने एक नई मशीन Macintosh (आज का Mac PC) पर काम शुरू किया। वर्ष 1986 में Mac को शानदार सफलता मिली और 10 वर्ष में इन दो किशोरों द्वारा शुरू की गई कम्पनी $ 2 बिलियन की कम्पनी बन गई।

स्टीव जोब्स 30 वर्ष की उम्र तक पहुँचे, तो Apple काफी बड़ी कम्पनी बन गई थी। उसी समय जोब्स को कुछ आधिकारिक लड़ाई के कारण कम्पनी से निकाल दिया गया।

कम्पनी से निकाल दिए जाने के बाद जोब्स ने दो नई कम्पनियों Next Step एवं Pixar की शुरुआत की। Next step सफल नहीं हुई, लेकिन Pixar एक सफल कम्पनी बनी। Pixar कम्पनी ने First Computer Animated Film 'The Toy Story' बनाई। फिल्म बहुत सफल रही और इन्होंने कई रिकॉर्ड तोड़े/बनाए।

जैसे ही Pixar के शेयर्स, पब्लिक किए गए-स्टीव जोब्स फिर से अरबपति बन गए। Apple घाटे में जा रही थी, उसे Microsoft से टक्कर मिल रही थी। परिस्थितियाँ बदली एवं वर्ष 1997 में जोब्स को पुनः एप्पल का Interim CEO चुन लिया गया। जोब्स की लीडरशिप में एप्पल ने पुनः सफलता की बुलन्दियों को छुआ। आज एप्पल का नाम विश्वविख्यात है, लेकिन स्टीव जोब्स ने इस दुनिया को 5 अक्टूबर, 2011 को अलविदा कह दिया।

वे कैंसर से पीड़ित थे। स्टीव जोब्स की शख्सियत स्वयं में एक संघर्ष की गाथा है एवं हर व्यक्ति को जीवन में हर परिस्थिति में आगे बढ़ने को प्रेरित करती है।

जोब्स का कहना था कि

1. आपको जीवन में वही करना चाहिए, जो आप पसन्द करते हैं।

2. अगर आपको सफल होना है, तो वही करें जो आप करना चाहते हैं, जो आप करने की इच्छा रखते हैं।

3. हमारे पास समय कम होता है। इस समय को किसी और के सपने जीकर बर्बाद न करें।

4. अपनी जिन्दगी का फैसला स्वयं करें, किसी और को अपने जीवन का निर्णय नहीं लेने दें।

5. कभी-कभी जिन्दगी हमें मात दे देती है, पर हमें कभी भी अपना काम करना नहीं छोड़ना चाहिए। कभी भी आशा का दामन नहीं छोड़ें। मैं जानता हूँ कि कोई एक चीज, जिसने मुझे हार नहीं मानने दी, वह था, मेरा काम के प्रति लगाव एवं प्यार।

> ''जीवन में कभी न हार मानने
> वाले व्यक्तित्व एवं विपरीत
> परिस्थितियों से टक्कर लेकर सफलता
> का परचम फहराने वाले शख्स का नाम है।''
> —स्टीव जोब्स

पाँच तत्त्व

जीवन में निम्न पाँच तत्त्व हमें साहसी बनाते हैं,

ये हैं.... आशा, आश्वासन, विश्वास, धैर्य एवं दृढ़ता।

मार्क जकरबर्ग (Mark Zuckerberg)

फेसबुक के सह-संस्थापक मार्क जकरबर्ग का जन्म 14 मई, 1984 को न्यूयॉर्क में हुआ था। हार्वर्ड यूनिवर्सिटी ड्रॉपआउट (Dropout) जकरबर्ग ने 13 वर्ष की उम्र में स्वयं को नास्तिक (Atheist) घोषित कर दिया था। सितम्बर, 2013 में जकरबर्ग की व्यक्तिगत पूँजी को $ 19 बिलियन आँका गया था। वर्ष 2004 में शुरुआत में हार्वर्ड यूनिवर्सिटी में 20

वर्षीय छात्र अपने 4 दोस्तों के साथ छात्रावास के एक कमरे में एक वेबसाइट तैयार कर रहा था, जिसमें यूनिवर्सिटी के सभी छात्रों का डाटा अपलोड किया जा सके, साथ ही आपस में ऑनलाइन सम्पर्क भी स्थापित किया जा सके। यह वेबसाइट कामयाब हो गई और शीघ्र ही यह पूरे यूरोप एवं दुनिया में लोकप्रिय होने लगी।

यही वेबसाइट बाद में फेसबुक के नाम से प्रसिद्ध हुई एवं आज विश्व में सोशल वेबसाइट में प्रथम है। इसके करोड़ों यूजर्स हैं। मार्क जकरबर्ग को बचपन से ही कम्प्यूटर प्रोग्राम खासकर कम्युनिकेशन टूल्स और गेम्स बनाने में बहुत आनन्द आता था। उन्होंने पहला संचार (Communication) सॉफ्टवेयर बनाया, तब वह मात्र 12 वर्ष के थे, जिसका नाम उन्होंने 'जकनेट' (Juck Net) रखा था। इस सॉफ्टवेयर का प्रयोग अपने पिताश्री की डेण्टल क्लीनिक के सभी कम्प्यूटर्स एवं घर के मध्य संचार हेतु किया था। जब वह हाईस्कूल में थे, तो उन्होंने अपने दोस्तों की बताई थीम पर कई वीडियो गेम बनाए। फेसबुक साइट जब बनाई थी, तो जकरबर्ग ने कल्पना भी नहीं की थी कि यह साइट उन्हें विश्व में इतना विख्यात कर देगी एवं मात्र 28-29 वर्ष की उम्र में वह सबसे ज्यादा आय अर्जित करने वाले CEO बन जाएँगे।

जकरबर्ग के जीने के अन्दाज से हमें निम्न प्रेरणा मिलती है

1. **जुनून** बड़ी कामयाबी के लिए जुनून जरूरी है। जकरबर्ग की इसी विशेषता के कारण वे शायद पढ़ाई करने की उम्र में, इतना बड़ा एम्पायर खड़ा करने में सक्षम हो सके। उस वक्त उनके कई अन्य साथी भी थे, जिन्होंने सॉफ्टवेयर बनाने में सहयोग किया, लेकिन इतनी शोहरत अन्य किसी को नहीं मिली। शायद उनमें जकरबर्ग जैसा जुनून नहीं था।

2. **दूर की सोच** कम्प्यूटर के माध्यम से इतनी अच्छी तरह आपस में कम्युनिकेशन किया जा सकता है, यह एक दूर की सोच थी जिसे जकरबर्ग ने ही समझा अन्यथा उस समय वैज्ञानिकों एवं सॉफ्टवेयर के ज्ञाताओं की कमी नहीं थी।

3. **जिज्ञासा** जकरबर्ग को शुरू से ही कम्प्यूटर और सॉफ्टवेयर खिलौने की तरह लगते थे। इनकी छोटी-से-छोटी चीज वह तुरन्त समझ लेते थे। उनमें जिज्ञासा थी, जानने की ललक थी तथा सीखने एवं नया कुछ करने का जज्बा था और शायद इन खासियतों ने ही उन्हें सफलता के कल्पनातीत मुकाम पर पहुँचाया।

''तीन को वश में कीजिए-क्रोध,
अशिष्टता एवं कटुवाणी।
तीन का सम्मान कीजिए-माता-पिता एवं गुरु।
तीन के लिए लड़िए-सच्चाई, आजादी एवं
न्याय।''

6 10 लाख का कर्जा

कहते हैं कि एक बार अमेरिका में एक युवक को व्यापार में बहुत घाटा (Loss) उठाना पड़ा, उसे अपनी सारी जायदाद गिरवी रखनी पड़ी। सभी दोस्तों ने मुँह फेर लिया। बहुत हताश होकर निराशा के गर्त में डूबा हुआ वह एक दिन एक पार्क में बैठा, अपनी परिस्थितियों पर चिन्तन-मनन कर रहा था कि तभी एक बुजुर्ग वहाँ उसके पास आया। वह बुजुर्ग अपने चेहरे और कपड़ों से बहुत अमीर प्रतीत हो रहा था।

बुजुर्ग ने युवक से चिन्ता का कारण पूछा, तो उस युवक ने अपनी सारी परेशानी बता दी। बुजुर्ग बोला, "चिन्ता मत करो, मेरा नाम John D. Rockefeller है। मैं तुम्हें नहीं जानता, पर तुम मुझे सच्चे और ईमानदार व्यक्ति लग रहे हो, इसलिए मैं तुम्हें, 10 लाख का कर्ज देने को तैयार हूँ।"

फिर जेब से चेकबुक निकालकर उन्होंने रकम दर्ज की और उस व्यक्ति को देते हुए बोले, "नौजवान आज से ठीक एक वर्ष बाद हम ठीक इसी जगह मिलेंगे, तब तुम मेरा कर्ज चुका देना।" इतना कहकर वह बुजुर्ग चला गया। युवक आश्चर्यचकित रह गया। रॉकफेलर उस समय अमेरिका के सबसे अमीर व्यक्तियों में से एक थे। युवक को तो विश्वास ही नहीं हो रहा था कि उसकी तो सारी परेशानियों का अन्त हो गया। घर पहुँचकर उसने अपने कर्जों का हिसाब लगाया।

बीसवीं सदी में $ 10 लाख बहुत बड़ी धनराशि होती थी और आज भी है। अचानक उस युवक के मन में विचार आया कि जब एक अपरिचित व्यक्ति मुझ पर इतना विश्वास कर सकता है, तो मैं स्वयं पर विश्वास क्यों नहीं कर रहा हूँ। इस विचार के आते ही उस युवक ने निश्चय कर लिया कि पहले वह अपनी पूरी कोशिश करेगा, पूरा प्रयास करेगा, पूरी मेहनत करेगा, यदि फिर भी सफल नहीं हुआ, तो इस चेक को काम में लेगा।

उस दिन के बाद उस युवक ने खूब मेहनत की, स्वयं की पूरी योग्यता-क्षमता का उपयोग किया। बस एक ही लक्ष्य था कि अपना कर्जा चुका दिया जाए। वह अपनी खोई प्रतिष्ठा को फिर पाना चाहता था। उस युवक की मेहनत एवं सद्प्रयास काम आया और शनैः-शनैः सारा कर्ज चुका दिया। उसका कारोबार चलने लगा। साल भर बाद वह पहले से

भी अच्छी स्थिति में हो गया। एक वर्ष बाद, निर्धारित दिन ठीक समय पर वह युवक उस पार्क में पहुँच गया। उसे वह बुजुर्ग व्यक्ति दूर से आता दिखाई दिया, पास आ गया, तो उस युवक ने बड़ी श्रद्धा से उनका अभिवादन किया और उनकी ओर चेक बढ़ाकर कुछ कहने के लिए मुँह खोला ही था कि नर्स भागते हुए आई फुर्ती से बुजुर्ग को पकड़ लिया।

युवक हैरान रह गया। नर्स बोली यह बुजुर्ग पागल है, यह बार-बार पागलखाने से भाग आता है और लोगों को स्वयं को John D. Rockefeller बताता है और चेक बाँटता फिरता है। अब उस युवक की हैरानी का कोई पार ही नहीं था। जिस चेक के बल पर उसने अपना पूरा डूबता हुआ कारोबार/व्यवसाय पुन: खड़ा कर दिया, वह फर्जी था, पर इस कहानी से यह बात साबित हो गई कि वास्तविक जीत हमारे हौसले, आत्मविश्वास, इरादों, संकल्प एवं लगन से की गई मेहनत में ही है।

"जो बीत गया उसे सोचा नहीं करते
जो मिल गया, उसे खोया नहीं करते।
मिलती है मंजिल उन्हीं को
जो विपरीत हालात में रोया नहीं करते।"

⑦ अल्बर्ट आइन्स्टीन (Elbert Einstein)

आइन्स्टीन का जन्म 14 मार्च, 1879 को जर्मनी के यूम (Ulm) नगर में हुआ था। उनकी आर्थिक स्थिति अच्छी नहीं थी, परन्तु वह लगन के बहुत पक्के थे। अपने शौक-मौज पर वे एक पैसा भी खर्च नहीं करते थे। उन्होंने जैसे-तैसे ज्यूरिक पॉलिटेक्निक कॉलेज में प्रवेश ले लिया एवं अपने

खर्चों को न्यूनतम कर दिया। उनकी मितव्ययिता का एक किस्सा काफी लोकप्रिय है, जिसे यहाँ बता रहे हैं।

एक बार बहुत तेज वर्षा हो रही थी। आइन्स्टीन अपनी हैट को बगल में दबाए, जल्दी-जल्दी घर जा रहे थे। छाता न होने के कारण भीग गए थे। रास्ते में एक सज्जन ने पूछा कि भैयाजी तेज बारिश हो रही है और हैट से सिर ढकने की बजाय उसे कोट में छुपाकर चले जा रहे हैं।

इस पर आइन्स्टीन ने कहा कि मेरा सिर तो बाद में सूख जाएगा, लेकिन हैट गीला हो गया तो मेरे पास नया हैट खरीदने के लिए पैसे भी नहीं हैं। आइन्स्टीन बचपन में बहुत मन्दबुद्धि थे, लेकिन आगे बढ़ने की चाह हमेशा उन पर हावी रहती थी। उनका पढ़ने में मन नहीं लगता था, फिर भी वे किताब हाथ से नहीं छोड़ते थे, मन को समझाते एवं वापस पढ़ने लगते। उन्हें अयोग्य एवं मन्दबुद्धि कहा जाता था।

आइन्स्टीन ने एक बार अपने गुरु से पूछा, "श्रीमान, मैं अपनी बुद्धि का विकास कैसे करूँ?" अध्यापक ने कहा, "अभ्यास ही सफलता का मूलमन्त्र है।" आइन्स्टीन ने इसे अपना गुरुमन्त्र मान लिया और निश्चय किया कि अभ्यास के बल पर मैं एक दिन सबसे आगे बढ़कर दिखाऊँगा। बचपन में मन्दबुद्धि एवं अयोग्य कहलाने वाला यह युवक अभ्यास के बल पर दुनिया के सबसे विलक्षण वैज्ञानिकों में माना गया है।

आज जहाँ युवक, अपनी कृत्रिम व भौतिक आवश्यकताओं पर ही ध्यान देते हैं, कुछ सीमित साधनों का रोना रोते हैं, कुछ विपरीत परिस्थितियों को अपनी असफलता के लिए जिम्मेदार ठहराते हैं, उनके लिए आइन्स्टीन जीवन्त उदाहरण हैं।

उनकी आर्थिक स्थिति इतनी कमजोर थी कि ज्यूरिक कॉलेज में एक अध्यापक मिकोत्सी ने उनकी आर्थिक सहायता की थी। शिक्षा पूरी होने पर नौकरी के लिए थोड़ा भटकना पड़ा, तब भी निराशा को उन्होंने स्वयं पर हावी नहीं होने दिया।

बचपन में उनके माता-पिता द्वारा दिए संस्कार एवं शिक्षा ने उनका मनोबल हमेशा ऊँचा बनाए रखा। उनके माता-पिता ने उन्हें, ईश्वर की सत्ता में विश्वास रखने के संस्कार दिए। उनका मानना था कि "एक अज्ञात शक्ति, जिसे ईश्वर कहते हैं, संकट के समय उस पर विश्वास करने वाले लोगों की अद्भुत सहायता करती है।"

आइन्स्टीन का जीवन मानव जाति की चिर सम्पदा बन गया। उनके सहयोग को यह संसार कभी नहीं भूल सकता।

Einstein ने एक बार कहा था कि ''मैं उन लोगों को धन्यवाद देता हूँ, शुक्रिया अदा करता हूँ, जिन्होंने मुझे मदद करने से इनकार कर दिया, क्योंकि उनके कारण ही मैं स्वयं अपनी सहायता कर पाया और सफल हुआ।''

दस बातें याद रखें

सर्वोत्तम दिन	–	आज
सबसे उपयुक्त समय	–	अभी
सबसे बड़ी जरूरत	–	सामान्य ज्ञान
सबसे विश्वसनीय मित्र	–	आत्मविश्वास
सबसे बड़ा पाप	–	भय
सबसे बड़ी भूल	–	समय का अपव्यय
सबसे बड़ी बाधा	–	बड़बोलापन
सबसे बुरी भावना	–	ईर्ष्या
सबसे बड़ा दरिद्र	–	उत्साहहीन
सबसे बड़ा भाग्यशाली	–	कर्मठ

सफलता प्राप्ति की समय-सीमा

सफलता पाने के लिए उत्सुक व्यक्ति को यह जान लेना चाहिए कि सफलता के निर्धारक कर्म हैं। सफलता के लिए बड़ी उम्र, धन, वंश, शिक्षा आदि आवश्यक नहीं हैं। इसके लिए आवश्यक है आन्तरिक गुण, विभिन्न परिस्थतियाँ, निर्धारित लक्ष्य, अपनी सोच, कार्यप्रणाली, व्यवहारकुशलता, उपलब्ध संसाधन आदि। सफलता कम समय में मिल सकती है एवं लम्बे समय में भी, यह व्यक्ति के स्वयं के प्रयास पर भी निर्भर है।

सफलता कब मिलेगी?

सफलता कब मिलेगी? यह ऐसा यक्ष प्रश्न है जिसका उत्तर सफलता का आकांक्षी प्रत्येक व्यक्ति जानना चाहता है। प्रत्येक व्यक्ति शीघ्रातिशीघ्र अपने द्वारा किए प्रयासों का सुफल प्राप्त करना चाहता है, अपने लक्ष्य को अर्जित करना चाहता है।

प्रत्येक व्यक्ति लालायित है—सफलता प्राप्त करने के लिए। किसी भी परीक्षा में बैठने वाले सभी अभ्यर्थी इसी आशा में बैठते हैं कि वह सफल होंगे? लेकिन हर छात्र सफल नहीं होता। इसी प्रकार इस जीवनरूपी रण में प्रत्येक योद्धा अपनी सफलता की पताका फहराना चाहता है, लेकिन हर योद्धा तो सफल नहीं हो पाता। कुछ लोग देर में सफल होते हैं। ऐसा क्यों? इस क्यों का उत्तर कुछ शब्दों में दिया जाना मुमकिन नहीं है।

वैसे इस प्रश्न का उत्तर कि सफलता कब मिलेगी? किसी ज्योतिषी से पूछा जाए, तो वह पूछने वाले की कुण्डली, ग्रहों की स्थिति, ग्रहों की दशा एवं अन्य इस तरह की जानकारी के आधार पर बता सकता है कि उसे सफलता मिलने का योग

कब है? और पूछने वाले के ग्रहों में व्याप्त दोषों के निवारण का उपाय भी बता सकता है। उसके आधार पर ज्योतिषी जब किसी प्रश्नकर्ता को सफलता कब मिलेगी? प्रश्न का उत्तर बताता है, तो अन्त में वह यह भी अवश्य कह देता है कि आपके कर्म ही आपकी सफलता के निर्धारक हैं, क्योंकि मात्र ग्रहों की स्थिति एवं दोष निवारण के बावजूद सफलता कब मिलेगी, इसका गारण्टी कार्ड बनाना ज्योतिषी के बस की बात नहीं है।

सफलता कब मिलेगी? इस प्रश्न का उत्तर यदि एक ऐसे व्यक्ति से पूछा जाए, जो सफलता प्राप्त करने हेतु प्रयासरत् है एवं वह उसका यदि ईमानदारी से उत्तर देने का प्रयास करे, तो उसके लिए भी इस प्रश्न का उत्तर देना सरल नहीं होगा।

अपनी मेहनत पर भरोसा रखने वाला व्यक्ति, अपनी दृढ़ इच्छाशक्ति के बल पर आगे बढ़ने वाला व्यक्ति यह तो कह सकता है कि वह अवश्य सफल होगा, लेकिन कब मिलेगी सफलता, इसके लिए वह पूरी दृढ़ता से कहने में हिचकिचाता है।

यदि यही प्रश्न उस व्यक्ति से किया जाए, जो कई प्रयासों के बाद भी किसी अभीष्ट लक्ष्य की प्राप्ति नहीं कर पाया है, तो उसका उत्तर यह तो हो सकता है कि चाहे जो हो जाए मैं सफल होकर रहूँगा, की प्राप्ति रहूँगा? लेकिन कब तक वह लक्ष्य प्राप्त कर लेगा, इसका जवाब देना उसके लिए भी मुश्किल है।

आज के जमाने में जो लोग सफल हैं, जिन्हें हम सफल लोगों की श्रेणी में शुमार करते हैं, उनसे यह प्रश्न पूछा जाए कि कोई व्यक्ति कब सफल होगा? या किसी व्यक्ति को सफलता कब मिलेगी? तो अधिकांश लोगों का जवाब कुछ इस तरह हो सकता है

जब व्यक्ति अपने प्रयासों में पूर्णता लाता है, जब वह अपनी योग्यता, क्षमता का अपने लक्ष्य प्राप्ति हेतु प्रयोग करता है, जब वह पूरी तरह एकबद्ध होकर, अपने लक्ष्य प्राप्ति की दिशा में जुट जाता है, तो वह अवश्य सफल होता है। लेकिन इस प्रश्न का उत्तर कि सफलता कब मिलेगी दिया जाना एक कठिन कार्य है।

वस्तुत: यह एक व्यक्तिगत प्रश्न है। बहुत सारे अभ्यर्थी एक अभीष्ट परीक्षा की तैयारी हेतु संलग्न होते हैं। कुछ तो परीक्षा में ही नहीं बैठते हैं। कुछ प्रथम प्रयास में सफल हो जाते हैं, कुछ दूसरे या तीसरे प्रयास में सफल होते हैं एवं कुछ सफल ही नहीं हो पाते हैं। यह बात हर व्यवसाय एवं हर विपरीत प्रोफेशन में सामान्यतया लागू होती है। बहुत से लोग कितनी भी विपरीत परिस्थितियों में अपने दृढ़ संकल्प एवं आत्मविश्वास के बल पर सफलता का परचम फहराने में सफल होते हैं, तो कुछ लोग चाँदी का चम्मच लेकर पैदा होने के बावजूद औसत जीवन जीते हैं। आधे पूर्वजों के नाम का ही खाते हैं। वे स्वयं जीवन में कुछ विशेष नहीं कर पाते हैं।

सफलता मिलना एवं कब मिलना यह वस्तुत: व्यक्ति के आन्तरिक गुणों, विभिन्न परिस्थितियों, निर्धारित लक्ष्य, उसकी सोच, उसकी कार्यप्रणाली, व्यवहारकुशलता, उपलब्ध

संसाधनों जैसे बहुत सारे साधनों, गुणों एवं लक्ष्य पर निर्भर है। आपका लक्ष्य बहुत छोटा है, तो सफलता शीघ्र ही मिल जाएगी। आपका लक्ष्य छोटा है, लेकिन आपके प्रयास शून्य हैं, तो आपको सफलता लक्ष्य छोटा होने के उपरान्त भी नहीं मिलेगी।

आपका लक्ष्य बड़ा है, लेकिन आप अपनी संकल्पशक्ति, लगन, कड़ी मेहनत एवं जुझारुपन के फलस्वरूप शीघ्र ही सफलता हासिल करने में सफल होते हैं। दूसरी ओर आत्मविश्वास की कमी के कारण एक व्यक्ति इस लक्ष्य प्राप्ति के सम्बन्ध में सोच भी नहीं सकता है। इस अद्भुत पुस्तक में हमने कितने ही प्रैक्टिकल उदाहरण देकर यह बताने का प्रयास किया है कि सफलता एक व्यक्ति की स्वयं की सोच, उसकी आन्तरिक दृढ़ता एवं इच्छाशक्ति पर मुख्य रूप से निर्भर है। सफलता मिलने में कितना समय लगेगा, यह सफलता की आकांक्षा रखने वाले व्यक्ति द्वारा स्वयं के लिए निर्धारित लक्ष्य, उस लक्ष्य के अनुरूप उस व्यक्ति द्वारा किए गए प्रयासों की गहनता पर निर्भर करता है।

सफलता हेतु प्रयासरत् किसी भी व्यक्ति को यह बात अवश्य याद रखनी चाहिए कि सफलता का मार्ग सरल, सहज नहीं है। इस मार्ग में बहुत-सी कठिनाइयाँ आती हैं। कठिनाइयाँ आना एक सामान्य सी बात है, लेकिन जो व्यक्ति इन कठिनाइयों का निराकरण कर दोगुने उत्साह से अपनी पूर्ण ऊर्जा, योग्यता एवं क्षमता का उपयोग लक्ष्य-प्राप्ति की दिशा में करता है, वही सफल होता है एवं उसे सफलता शीघ्र ही मिलती है। सफलता अपने प्रयासों का प्रतिफल है। विभिन्न साधनों, संसाधनों, गुणों एवं परिस्थितियों के

मेल-मिलाप के साथ दृढ़ संकल्प एवं इच्छाशक्ति के बल पर अर्जित लक्ष्य ही सफलता है। जीवन में संघर्षरत् रहकर सफलता प्राप्त करने वाले विभिन्न महान् व्यक्तियों की जीवनी पढ़ने, उनके द्वारा किए गए प्रयासों का गहनता से अध्ययन करने से हम इस बात को समझ सकते हैं कि किसी व्यक्ति को सफलता कब मिलती है।

भारत को स्वतन्त्रता दिलाने में कितने शहीदों ने कुर्बानी दी, कितने निर्दोष लोगों ने अपने जीवन की आहुतियाँ दीं तथा सन् 1857 से लगातार संघर्ष किया जाता रहा, पर सफलता वर्ष 1947 में मिली। आइन्स्टीन, हेनरी फोर्ड, धीरूभाई अम्बानी, स्टीव जोब्स को सफलता कितनी मेहनत एवं कितने संघर्ष के बाद मिली, जबकि मार्क जुकरबर्ग मात्र 28-29 वर्ष की उम्र में सबसे ज्यादा आय अर्जित करने वाले CEO बन गए। इसी प्रकार सुहास गोपीनाथ 14 वर्ष की उम्र में ही सबसे छोटी उम्र के CEO बनकर विश्व में प्रसिद्ध हो गए।

इस शानदार पुस्तक में हमने ऐसी बहुत-सी कहानियों को सम्मिलित किया है, जो सफलता की इच्छा रखने वाले प्रत्येक शख्स के लिए प्रेरणा की स्रोत हैं। उनकी संघर्ष की गाथा, आपको सफल होने हेतु निश्चित ही मार्गदर्शन एवं प्रोत्साहन प्रदान करेगी, हमारा यह विश्वास है।

LIFE IS.....

Life is an opportunity, benefit from it.

Life is beauty, admire it.

Life is a dream, realise it.

Life is a challenge, meet it.

Life is a duty, complete it.

Life is a game, play it.

Life is a promise, fulfill it.

Life is sorrow, overcome it.

Life is a song, sing it.

Life is a struggle, accept it.

Life is a tragedy, confront it.

Life is an adventure, dare it.

Life is luck, make it.

Life is too precious, do not destroy it.

Life is life, fight for it.